한국근현대사이야기

5·18과 바나나

천하가 흥하고 망하는 데에는
한낱 필부에게도 책임이 있다.

- 고염무

한국근현대사이야기

5·18과 바나나

글쓴이 · 안후상

하늘북

| 차 례 |

3부 탐욕은 폭압을 낳고

4부 하나됨의 모색

5부 자아의 연대

추천의 글

한 역사학자의 특별한 시각, 다정다감한 이야기

- 안후상의 산문집 「5·18과 바나나」에 붙여

한승원 소설가

전라도 남단 장흥의 바닷가 토굴에서 '왜 바닷가에 혼자 사느냐' 고 물으면 이태백처럼 '웃으며 대답하지 않지만 마음은 한가로운' 심사로 살아간다는 나에게, 낯설기는 하지만 아주 의젓하고 착해 보이는 남자와 순박해 보이는 여자가 찾아왔다.

늙은 감나무의 감들이 붉어지기 시작하는 가을날 오후였다.

착해 보이는 남자가 자기 소개를 했다.

"선생님께서 기억하실지 모르겠습니다만…, 저는 오래 전에 서울에서 불일회보사 편집장을 맡아 일했던 안후상입니다."

나는 깜짝 놀라 그의 손을 잡았다.

기억이 새로워졌다.

서울에서 황망하게 살던 시절, 나는 그의 의미심장한 문학적인 기획과 청탁에 의해 불일회보에 '푸른산 흰구름' 이라는 칼럼을 사오 년쯤 연재했었다. 청탁도 전화로 이루어졌고 원고료도 온라인 통장으로 들어오곤 했으므로, 나와 그는 오랜 동안 한 번도 대면하지 못했다.

그 연재가 끝날 무렵, 시내에 나간 걸음에 법련사라는 절 안에 자리하고 있는 불일회보사를 찾아갔다가, 편집장인 그를 처음 만났다. 한데 그는 곧 잡지사를 그만 두고 고창의 한 고등학교 역사 교사로 가게 된다고 말했다.

만나자 이별이라더니, 우리의 만남은 그것이 처음이자 마지막이었다. 이후 우리는 서로 만나지 못했고, 십 년이 넘는 세월이 흘러버렸다. 나도 서울을 떠나 이 바닷가로 이사를 와버렸다.

그는 내 앞에 가제본한 원고 한 묶음을 내놓으면서, "책으로 묶고 싶은데 추천사나 발문을 좀 부탁드립니다." 하고 말했다. 한동안 망설였다. 그렇지만 거절할 수 없어 받아 놓았다가 환절기 감기로 인해 누운 채로 원고를 넘겨보았다.

한 역사학자의 독특한 세상 이야기가 담담하게 펼쳐졌다.

그의 착한 인상만큼 글도 또한 착하고 순수하다. 많은 욕심을 부리지 않고 붓 가는 대로 쓴 부드러운 글이다. 특별히 아는 체하지도 않고, 딱딱하지도 않고, 비위에 거슬리는 현학도 보이지 않고, 다정다감하게 속삭여주는 잔잔한 이야기들이다.

이야기들 가운데는 훌륭한 소설거리가 될 듯싶은 것들도 있고, 시가 될 수 있는 것들도 있고 논문거리가 될 지적인 것들도 있다.

그의 글이 하도 뛰어나서, 나의 이러한 추천의 글이 오히려 군더더기가 될 것만 같아 두렵다.

좋은 글은 작가와 독자 사이에 대화가 이루어져야 하고, 그 대화는 서로에게 '통섭(通涉)'이 이루어져야 한다. 어렵게 쓴 글이 아니므로, 나이나 성별에 상관없이, 부담을 가지지 않고 읽고 많은 것을 생각하게 한다.

이 책을 집어든 당신에게 일독을 권한다.

당신이 욕심을 부리지 않은 순수한 안목을 가지고 있다면, 내가 이 책의 옆구리에 군더더기처럼 붙인 사족 같은 헌사가 담고 있는 것보다는, 이 책을 읽고 난 당신이 더 많은 보석을 건져 올릴 것이다.

시작하는 글

'사람'을 소중히 하는 가치를 잊지 않게 하려는 것

교실에서의 집중과 참여를 이끌기 위해 나는 교과 내용과는 직접 관련이 없는 잡담(雜談)을 가끔씩 아이들에게 들려준다. 수업 중 교사의 잡담은 교실의 딱딱한 분위기를 일순간 바꿔놓기도 한다. 수십 년 경력의 노련한 교사가 아니라서인지 수업 중에 아이들에게 들려줄 잡담을 나는 일부러 준비한다.

나의 잡담은 요즘 교육계에서 회자되고 있는 스토리텔링과 유사하다. 흥미를 통해 집중을 유도한다든지 지성과 감성을 동시에 자극한다든지, 또는 창의적 사고력과 문제 해결력을 길러준다든지 하는 의도성은 스토리텔링과 크게 다르지 않다. 그렇지만 나와 내 주변 사람들의 기억이라는 데서, 이러한 기억을 통해서 아이들과 역사적 정서를 함께 하고자 하는 데서는 스토리텔링과 다르다.

나는 수업 중 잡담의 한계를 나름대로 정한다. 잡담이 지나치게 사적(私的)으로 흘러서도, 교과 밖으로 벗어나서도 곤란하다는 것 등이다. 그러나 무엇보다 사람을 소중히 하는 가치를 잊지 않게 하려는 것은 잡담의 중요 원칙 가운데 하나이다.

내가 잡담에 관심을 갖게 된 것은 지금으로부터 십여 년 전 일이다. 아이들의 집중이 향상된다면 수업 중 교사의 잡담은 쓸모없고 중요하지 않은 얘기가 아니라, 쓸모 있고 매우 중요할 것 같아서였다. 십여 년 전에 우리 사회는 국가 부도 사태로 인하여 아이엠에프 구조 조정 바람이 불었다.

그때 내가 몸담고 있던 궁벽스런 시골 중학교에 줄기만 하던 학생 수가 아연 늘어난 것이다. 경제 위기로 가족이 해체되면서, 부모 사이에 끼인 아이들이 시골의 조부모에게로 떠넘겨지면서 나타난 현상이다.

경제 문제로 아이들이 부모와 헤어져야 한다는 사실을 당시의 나는 믿을 수가 없었다. 유년의 내 주변은 아이엠에프 구조 조정 때보다 더한 어려움에 처했었지만, 어느 부모도 자식을 떼어 버리는 그런 비정한 일은 결코 하지 않았다. 아니 그런 일은 상상도 할 수 없었다. 이러한 비정함은 인간의 경제적 탐심에서 비롯된 측면이 있다.

아이엠에프 구조 조정 이후에 갑자기 전학 온 아이들이 섞이다 보니, 교실은 산만해졌다. 기존 아이들의 집중력까지 현저히 떨어뜨렸고, 나도 산만한 교실에서의 수업이 점점 힘이 들었다. 나의 수업 중 잡담은 이런 산만한 수업을 이끌어 가려는 데서 시작되었다.

나의 잡담은 해를 거듭하면서 일정한 모양새를 갖추었다. 잡담의 모양새란 '일상에서의 역사 찾기' 다.

역사란 오래된 과거나 두꺼운 책에서만이 탐색되는 게 아닌, 우리네 주변에서 찾아지는 '풍성한 이야기들' 이다. 그리고 우리네 기억들이다. 기억에는 역사적 기억인 기록과 집단적 기억인 구전, 풍설 등이 있다. 나에게는 역사적 기억 못지않게 집단적 기억 또한 소중하다. 집단적 기억은 내 주변 삶들의 잔흔이기 때문이다. 이처럼 우리네 삶의 흔적은 나의 수업 중 잡담의 원천이다.

나의 잡담은 어떠한 형식에도 구애 받지 않는다. 아니, 그 어떤 형식에도 나는 익숙하지가 않다. 그래서 나의 잡담은 만록(漫錄)에 가깝다고 해야 할 것이다.

잡담의 소재 또한 일상에서 구했다. 살아가면서 얻어지는 사소한 이야기들, 나돌면서 보고 듣고 그리고 메모했던 것과 연구(근대 한국종교운동사)를 위해 채록했던 증언들까지. 인간의 탐욕에서부터 자연과 풍수, 이념과 분단, 전쟁·경제·통일 등이 그 소재다.

조선 후기부터 최근, 미래까지도 언급하였다. 당시도 지금도 중심으로부터 외면 받아온 주변부의 것들, 그렇지만 내겐 중요한 탐구 대상인 선도계열의 이야기도 포함되었다.

일제 강점기에 갓을 쓰고 푸른 두루마기를 고집한 선도계열의 도인들이 한국의 광복을 예언했다는 이유로 수난 받았던 사실을 재구성하였다. 나라를 잃고 척박해진 삶의 꽃밭에서 희망을 가꾸던 한 소녀가 일본인 교장의 폭력으로 스러져간 사실을 이야기로 꾸몄다. 어렵게 가꾼 민주주의 꽃밭을 검은 군홧발이 짓이겨 놓은 우리의 현대사를 풍자하기도 하였다. 이러한 것들이 토대가 되어 수업 중 아이들에게 들려줄 잡담은 준비되었다.

나의 잡담을 유난히 좋아하는 평수라는 학생이 교무실까지 찾아와서 잡담 후기를 듣고 싶어 했다. 수업 중 잡담이 책으로 엮어질만한 것은 아니지만, 그래도 한번 책으로 엮어보겠노라고 한 평수와의 약속이 이렇듯 큰일을 저질러 놓는가 싶다. 기왕 이렇게 된 거, 평수 뿐 아니라 이 땅의 많은 아이들과 역사적 정서를 함께 나누고 싶다.

작가도 아닌, 필력도 난삽한 나는 그야말로 잡스런 것에 지나지 않을 모진 이야기들을 책으로 엮기 위해 정말이지 죽을둥 살둥 하였다. 그러함에도 글은 어색하고 어설프다. 나의 지나친 욕심은 아닐까. 이 책을 접하는 아이들의 핀잔은 뒤따르지는 않을까, 솔직히 두렵다.

공교롭게도 이 책이 나오는 2010년은 한국 근현대사의 흐름을 바꿔 놓은 의미 있는 사건들의 (십진법에 의한) 주기를 맞는 해이다. 경술국치라 하는 한·일 합병 100주년이자 민족 최대의 비극을 부른 한국전쟁 60주년이다. 4·19혁명 50주년, 5·18민주화운동 30주년이다. 독재와 근대화의 표상인 새마을운동의 시작 및 경부고속도로 개통 40주년이 되는 해가 바로 2010년이다.

숫자의 주기가 갖는 의미 따위를 헤아릴 필요는 없지만, 그래도 주기에 대한 아이들의 관심은 다른 어느 해보다도 높을 듯싶다. 그래서 더 긴장되고 두려운 것이다.

마지막으로, 나의 잡담은 전적으로 나의 기억과 내가 느낀 '타자의 기억'을 원천으로 하고 있다. 기억의 편린들 간의 간극은 얄팍한 지식과 '이야기'로 매웠다. 다시 말해, 잡담은 나와 타자의 기억 그 자체를 소중히 여기면서 정리해간 이야기들인 것이다.

2010년 어느 눈오는 날

안 후 상 씀

1부

기억의 저편

고둥 썩는 냄새

근대(近代)와 전근대(前近代) 시기를 인간의 탐욕으로써 구분할 수 있을까. 정치나 경제, 사회, 문화, 종교 등의 요소로써 구분은 가능하겠으나, 인간의 심성인 탐욕으로써 시기를 구분한다니 분명 어불성설이다. 그러함에도 근대 시기의 인간의 탐욕은 대체로 자본을 지향하는 데 비해, 전근대의 탐욕은 종교적 권위를 좇는다.

평양 대동강이 한때 고향이라던 노인의 기억이다.

"내래 열여덟살 무렵이디. 그때만 해도 분명히 있었디. 강가 포구에 괴이한 불상 하나 말이디. 고 해괴망측하고 괴이한 불상은 위로 홉뜬 눈과 탐욕스런 입, 그리고 머리를 감싸 안은 듯한 손을 하고 있었디야. 사람들은 이를 두고서 어케 불러야 할지를 두고 수십, 아니 수백 년은 족히 넘게 고민했던 것이디. 불상이라는 이름은 단지 장꾼과 사공들의 입에서 나온 것이었디, 합의된 그 어떤 이름도 아니었어야. 불상이란 행운과 안전을 위해 엽전 몇 닢 놓고 두 손 모아 절하곤 했기에 붙여졌던 이름일 뿐이디."

노인이 전한 포구의 해괴망측한 불상 얘기는 대강 이러했다.

평양의 대동강가에서 보았다던 불상에 대한 어느 노인의 기억을 한 편의 이야기로 되살려 보았다.

부처를 조성한다고 하여 그를 불모(佛母)라 했다. 불모는 부처를 낳은 어머니라는 뜻으로, 불상을 조성하는 장인을 일컫는다. 나무든 돌이든 쇠든 간에 불모라는 장인의 손을 거치기만 하면 부처가 되었다. 장인의 손은 황금빛 출렁이는 어깨선을 만들었고, 인자한 미소를 안면에 가득 머금게도 하였다.

출중했던 장인의 집 앞은 장인이 조성한 부처를 보려는 이들로 매일 성시를 이루었다. 어떤 이들은 이렇게 말하였다. 장인의 솜씨가 신의 경지에 도달했다!

솜씨를 다듬던 시절, 배고픔은 이루 말할 수가 없었다. 물로 배 채우기를 밥 먹듯이 하였고, 세 끼니 가운데 두 끼니는 지금도 잊곤 했다. 그런 장인에게 버거울 정도의 재산과 어여쁜 아내가 생겼다. 더욱이 장인의 솜씨를 익히겠다는 이들이 줄을 설 정도이니, 장인은 더할 나위 없는 행복감을 누리고 있었던 것이다.

그런 장인에게 딱 하나 아쉬운 게 있었다. 그것은 바로 대대로 내리받은 필부(匹夫) 근성이다. 아무리 고치려고 해도 고쳐지지 않는 천한 근성은 항상 장인의 가슴을 짓누르고 있었다. 설령 필부 근성을 고친다 한들 세상은 달라진 장인의 모습을 인정하지 않을 터이다. 그것이야말로 장인의 가슴을 무겁게 짓눌렀던 것이다.

그런 장인에게 꾀보라고 하는 먼 친척이 있었다. 꾀보는 명예와 부를 한꺼번에 거머쥔 장인을 찾아왔다.

"불모님! 이젠 불모님도 부처가 되실 때가 되었습니다. 굼벵이도 뒹굴다 보면 한 여름날 청아한 소리를 얻듯이 말입니다."

처음에는 꾀보가 장난을 치는 줄로만 알았다.

"이보게, 그게 무슨 소린가! 자네 지금 제정신으로 하는 소린가?"

장인은 그 즉시 꾀보를 나무랐다.

"어찌 불모님 앞에서 농을 부리겠습니까."

"어허, 이 사람이 누굴 골탕 먹이려는 거여!"

꾀보를 나무라는 장인의 소리가 예사롭지가 않았다.

얼마가 지났을까. 꾀보는 장인을 다시금 찾아와, 전에 했던 부처 얘기를 조심스럽게 꺼냈다.

"불모님! 일단 부처가 되시면, 아니, 부처가 되시는 날에는 지금보다도 훨씬 많은 것이 달라집니다. 그 가운데 하나는 지금보다 더 많은 사람이 지극정성으로 불모님 아니, 부처님을 찾을 것입니다요. 그들이 찾아오는 것은 어렵고도 난처한 일들을 불모님께 상의 드리고 도움을 받기 위해서입지요. 심지어, 죽어서 극락 가게 해달라고 졸라대는 이도 있을 겁니다. 어디, 그 뿐이겠습니까. 불모님 주위는 촛불이 휘영청하니 밝히게 될 것이며, 차분한 향내음이 끊이지 않을 것입니다. 앉아 있는 의자와 뒷광배는 황금빛으로 넘쳐나게 될 것이며, 형형색색 아름답고 섬세하게 그린 뒷그림과 향기로운 꽃들이 불모님 주위를 화려하게 장엄하게 될 것입니다요."

꾀보가 얘기하는 동안에 장인의 가슴은 뜨거워질 대로 뜨거워져 있었다. 장인은 큰숨을 여러 차례 몰아쉬었고, 꾀보는 하던 말을 계속 이었다.

"그렇지만 무엇보다 중요한 것은 천하의 모든 것이 불모님 손아귀에 들어온다는 것입니다요."

두꺼운 장인의 얼굴과 눈꺼풀이 부르르 떨리기 시작했다. 누가 보면 얼굴에 노기를 띠었다고 할 것이지만, 꾀보는 장인의 눈 아래를 슬며시 주시하면서 기다렸다. 장인의 입이 곧 열리리라 확신을 하면서 말이다.

"여보게! 그런 말씀 함부로 하는 게 아니네. 그런 말일랑 입에 담지를 말며 그런 생각일랑 아예 품지를 말게나."

한사코 조심스러워하던 장인의 목소리는 그러나 한결 부드러워져 있었다. 꾀보는 역시 꾀보였다. 이때를 놓치지 않았으니 말이다.

"아니, 불모님! 불모님이 뭐하시는 분입니까? 부처를 낳으신 분 아닙니까! 부처를 직접 만드시는 분이 부처가 될 수 없다니요? 누가 그럽디까, 부처가 될 수 없다고?"

"이보게!"

장인은 꾀보의 말을 조심스럽게 잘랐다. 그러나 꾀보의 입은 쉬지 않았다.

"그리고 말이 나왔으니 하는 말입지요. 지금까지 불모님께서 만드신 부처가 얼맙니까? 수십 아니, 수 백 분은 족히 되잖습니까! 막말로, 불모님 손을 안 거친 부처가 과연 몇 분이나 된다던가요? 그 공로를 따지자면 헤아리기 어려운데, 그런 분께서 될 수 없다면 어느 누가 부처가 된단 말입니까!"

꾀보의 말에 일리가 있다고, 아니, 꾀보의 이런 제안이 다소 늦은감이 있다고 생각하던 장인이었다.

'지금까지 조성한 부처님만 몇 분이던가! 그리고 보살님과 신장님은 또 몇 분이고. 내가 아닌들, 그 수많은 사람들이 어디에다 절을 하고 하소연은 누구에게 한단 말인가! 그렇지만 꾀보와 맞장구 칠 수는 없

는 노릇이다.'

"아니, 그, 그게 말이네, 자네도 잘 알다시피 부처가 어디 되고 싶다고 되는 그런 속물이던가. 거룩하기가 그지없고 인자하고 지혜롭기가 한이 없는 그런 분 아니던가. 그런데 우리 같은 필부가 감히 부처님을 꿈꾸다니…."

조상 대대로 천한 것만 내리받다가, 어느 시절에 허리를 펴 살아보려고 모진 풍상을 마다하지 않던 그였다. 그런데 '우리 같은 필부가 감히 부처를 꿈꾸다니'라는 대목에서는 알 수 없는 설움이 복받쳐 올라, 그만 하던 말을 잇지 못하였다. 어느 새 장인의 두 눈가에는 물방울이 맺혀 있었다. 꾀보는 이 틈을 놓치지 않았다.

"무, 무슨 말씀이신가요. 누구나 다 부처될 수 있다는 건 이미 경전에도 나와 있습니다요. 그렇다고 아무나 부처가 될 수는 없는 거고요. 바로 불모님 같은 분이 부처될 수 있다는, 뭐 그런 얘기일 겁니다요."

꾀보의 이 말에 장인은 메었던 목이 탁 풀리면서 시정잡배의 홍정소리 같은 갈라지는 소리로 이렇게 말하였다.

"뭐, 뭣이라고? 지금 뭐라고 했는가? 자네, 지금 아무나 부처될 수 있다고, 경전에 나와 있다고 했던가? 그런가? 정말 경전에 그런 말씀이 계시던가?"

"그러믄입죠. 제가 왜 거짓말을 하겠습니까! 수십 군데도 더 그런 얘기가 나오구 말굽쇼."

"에끼, 경전에 나와 있어도 그렇지."

흥분된 표정이 다소 수그러든 장인은 꾀보의 말을 못 믿겠다는 듯이 투덜댔다. 이때 꾀보는 재빨리 똥막대기 이야기를 꺼내들었다.

"어디 그 뿐이겠습니까. 옛 조사(祖師) 스님네들은 부처를 똥막대기라고까지 했습지요. 똥막대기가 뭡니까? 그렇게 못 오를 나무는 아니라는 겁니다요."

"그, 그건 또 무슨 소린가? 부처님이 똥막대기라니?"

장인의 얼굴은 또 다시 상기되기 시작하였다.

"예, 사실은 아무나 부처가 됐을 때의 애깁지요. 막말로 동냥아치 같은 이들이 부처가 되면 뭐합니까요. 똥막대기만도 못 하다는 그런 말이겠지요, 안 그렇습니까?"

"그, 그건 그렇네."

장인의 커다란 두 눈은 이미 확신에 차 있었다. 기름기가 자르르한 두꺼운 얼굴은 연분홍빛으로 물들었다. 장인은 짜 맞추다만 수미단을 손끝으로 툭툭 쳐보면서 앞으로 부처가 되어 앉을, 세상에서 가장 아름답고 정교한 수미단을 짜놔야겠다는 생각으로 가슴이 벅차올랐다. 그러다가도 자신의 출신과 필부 근성을 생각하면서 목이 메었고, 그러면서 깊은 체념 속으로 빨려들어가곤 했던 것이다.

'명예는 물론, 재산도 지나칠 정도로 많으며, 예쁜 아내까지 얻었다. 더할 나위 없이 행복하다. 또 뭘 바라겠는가. 그런데, 그런데 행복감에 젖으면 젖을수록 무언가 알 수 없는 공허한 구석이 생기다니, 참으로 알 수가 없도다. 참으로.'

얼마 뒤에 꾀보가 다시 장인을 찾았다.

"불모님, 마음을 굳히셨나요?"

"음!"

장인은 긍정도 부정도 하지 않았다.

그저 음음 흠흠, 하는 신음에 가까운 대답 뿐이었다.

"아니, 불모님 같은 분이 부처가 안 되신다면 어느 누가, 제가 되겠어요? 아니면 저 시장 바닥의 장돌뱅이가 되겠어요?"

"흠!"

"사실은 아무나 되는 경우가 있긴 있습지요. 참으로 안타까운 일이지만, 어쩌겠어요. 불모님 같은 분이 안 되시겠다는데. 그리고 아무나 부처가 될 수 있다고 해서 지금까지는 아무나 돼버린 경우가 더러, 아니 잦게 있었습지요. 세상에 수많은 부처가 계시지만, 이름이 부처라 해서 다 부처는 아니라는 얘깁니다. 정말로 잘못 되는 날에는 시중의 동냥아치나 야바위꾼들이 부처가 되겠다고 할 것입니다. 그렇게 되는 날이면 세상은 거꾸로 설 것이 분명합니다요."

이소리 저소리를 정신없이 해대는 꾀보의 말과는 상관없이, 장인은 이미 비장한 각오를 다지고 있었다. 출렁이는 황금빛 부처가 이미 그의 뇌리에 깊게 박혀버렸기 때문이다.

"이보게, 그렇지 않아도 내 오래 전부터 그, 그런 생각을 하고 있었네. 아무튼 내게 생각할 여유를 좀 주게나. 그런 잡것들이 부처가 되어서는 안 되지, 암."

장인의 그런 생각이란, 부처가 되겠다고 하는 마음이다. 장인은 부처가 되겠다고 하는 마음을 비밀로 해달라고 꾀보에게 수 차에 걸쳐서 당부하였다. 더불어 비밀이 새나가지 않도록 꾀보를 극진히 대접하였다.

장인은 다음 날부터 두문불출, 어느 누구와도 만나려고 하지 않았다. 기쁘고 벅찬 그 마음을 주체할 길이 없어서였다. 남편의 이런 사정을 알 리 없는 아내는 남편의 두문불출을 안타까워했다.

하루는 아내가 조심스럽게, 매우 존경하는 마음으로 장인에게 물었다. 부처는 아니었지만 부처 이상으로 남편을 섬기는 아내였으니 말이다.

"여보, 무슨 고민거리라도? 안색도 안 좋아 보여요. 무슨 일이라도?"

"아, 아니요."

"무슨 일이 있긴 있군요? 그렇지요?"

"아, 아니라니까."

'결심을 한 이상, 하루라도 빨리 부처가 되어야 한다. 더 이상 미뤄서는 안 된다. 미루다간 잡배들이 부처가 되는 그런 세상이 올 지도 모른다. 빠를수록 좋다. 더 늦기 전에….'

뭐, 이런 생각들로 어지럽기까지 한 장인이었다.

"다, 다름이 아니라, 당신만이 알고 있어야 하오. 내 지금까지 지극정성으로 부처님을 줄곧 조성해오지 않았오. 그래서 그 공로를 인정받았는지, 사람들이 부처될 유일한 사람으로 날 지목한다는구려."

"여, 여보! 내 정신 좀 봐. 하, 하지만, 부처가 되고 싶다고 다 되어지는 건?"

장인의 아내 역시 흥분하기 시작하였다.

"아암, 안 되지!"

"그런데요?"

"아무나 되어선 안 되지. 한데, 경전에도 아무나 부처될 수 있다는 말씀이 계시나 보구려. 그래서 말인데, 내가 안 되면 시중의 어중이 떠중이들이 부처가 되겠다고, 아니 이미 부처가 되어서 법석을 떠는 작자도 있다는구려. 이를 어찌하면 좋겠소."

장인의 이 말이 끝나자마자, 부인은 격정적인 말들을 쏟아내었다.

"정말, 크, 큰일입니다. 그런 가당찮은 자들이 부처가 되어 거들먹거리는 걸 어떻게 보고 살아요. 그럴 수야 없지요. 그리 되어선 안 되지요. 여보, 어서 빨리 서두르셔야겠습니다."

장인은 그 즉시 꾀보를 불렀다.

"여보게. 다, 다름이 아니라, 부처 말일세. 내가 되겠다고 되어지는 것은 아니잖는가?"

"예, 참으로 잘 생각하셨습니다. 정말, 잘 하셨습니다. 되겠다고 하는 마음만 가지신다면 이미 부처가 되신 거나 다름없습지요. 자, 차근차근 부처 되는 방법을 알려드립지요. 그런데 말씀이죠. 지금까지 수많은 사람들이 부처가 되려다가 실패했습니다. 그러니, 반드시 제가 하라는 대로 해야만 합니다요."

"여부가 있겠나."

장인은 꾀보가 시키는 대로, 지금까지 모아놓은 재산으로 황금을 사들였다. 황금은 왜냐고? 세상의 모든 부처님은 황금빛 찬란하거든.

장인의 아내는 남편의 몸에다 진흙을 발랐다. 말라붙은 진흙 위에다 누런 황금을 녹여서 바르기 시작했다. 금빛 찬란한 장인은 금당 안의 형형색색으로 화려한, 장인이 직접 짜 맞춘 수미단이라는 의자에 올라 앉았다. 그렇게 꼬박 사흘을 앉아 있었다.

그런데 배알은 커녕, 어느 누구 하나 금당을 찾는 이 없었다.

"이보게, 어찌 된 일인가. 자네가 하라는 대로 황금을 뒤집어썼네만, 개미새끼 한 마리 얼씬도 하지 않네 그려."

장인과 장인의 아내의 들뜬 기세와 마음은 금세 시들하였다.

"불모님, 아니 부처님! 벌써부터 사람들이 찾아와 절을 하고 소원을 빌면 어떡합니까. 그렇잖아도 먼저 된 이들이 말들을 많이 합니다. 너무 쉽게 부처가 되셨다고."

"여보게! 그럼 내, 내가 어떻게 해야 하는가? 기왕 부처 된 김에 확실하게 되겠네. 말해보게나. 무엇이든 시키는 대로 하겠네."

장인은 매우 다급하였다. 더불어, 먼저 된 작자들이 자기를 시기하고 질투해서 그런 것이라고 생각하니, 오기와 배짱이 담뿍 들기까지 하였다.

"서둘러서 되는 일이 아닙니다요. 하지만 복잡하지도 않습니다. 자, 귀를, 지금까지는 사람들이 부처 앞에다 꽃과 재물을 갖다 바쳤습니다. 그러나 거꾸로 이들에게 돈을 던져주는 겁니다요."

"아니, 돈을 던져주다니. 부처를 공경하는 것은 마음에서 우러나야 가능하지 않는가. 그런데 시, 시정잡배마냥 돈을 주어 나를 찾게 하다니?"

"그렇습니다. 마음에서 우러나야지요. 그러나 사람들에게 그런 진실된 마음은 애당초 없었습니다. 사람들은 하나같이 그들 자신만의 행복을 위해서 부처 앞에 절을 하고 기도를 하거든요. 더욱이 사람들에게 있어서 행복이란 곧 돈입니다요. 돈을 벌게 해달라며 돈을 갖다 바치는 게 사람들입지요. 불모님께서는 그러한 복잡한 과정을 아예 생략하시어서, 그들에게 행복이라는 돈을 직접 던져주는 겁니다요."

"흠!"

짐짓 놀라는 척 해 보이는 장인이었다. 곰곰 생각하니 꾀보의 말에 틀린 구석이라고는 하나도 없었다.

"제 생각이 잘못됐습니까?"

"아, 아니네."

소문은 순식간에 돌았다. 행복을 던져주는 부처님!

갑자기 황금빛 출렁이는 금당으로 사람들이 찾아들었다. 정확히 말해서 장인이 던져주는 돈을 받기 위해서 찾는 사람들이었다. 동냥아치, 장돌뱅이, 야바위꾼 같은 게으르고 가난한 자들이 하루에도 수 차례씩 절을 하고서 돈을 받아갔다.

그런데 또다른 문제가 불거졌다.

일부이긴 하지만, 사람들이 장인의 머리에 문제가 있다고 지적한 것이다. 부처의 머리에는 검은 꽈배기처럼 생긴 무수한 돌기가 나 있는데 이를 '나발' 이라고 한다. 장인의 머리에는 꽈배기 같은 나발, 그 나발이 없는 상투머리 그대로라는 것이었다. 따라서 부처로 모시기에는 조금 그렇다는 것이다.

이 얘기를 전해들은 장인은 매우 곤혹스러워했다. 급히 꾀보를 다시 불렀다.

"자꾸 불러 미안하이. 다름이 아니라, 이 세상 모든 부처님의 두상에는 검은 나발이 있잖은가. 그런데 내 머리 좀 보게나. 상투머리 그대로가 아닌가. 이를 어찌하면 좋겠나?"

꾀보가 짐짓 놀라는 척하였다.

"그, 그러네요!"

"돈은 얼마가 들어가도 괜찮네. 이, 이 머리만을 어떻게 좀 해주게나, 응?"

꾀보는 골똘히 생각하는 척하였다.

"불모님, 이건 돈으로 해결될 일이 아닙니다. 세상엔 돈을 가지고도 안 되는 일이 얼마든지 있습지요. 불모님도 잘 아시다시피 나무나 돌이 아닌 데서야…."

"그렇지. 나무나 돌 같으면야 내 이 손으로 어떻게든 해보겠네. 하지만 이것은 내 머리잖은가. 산 사람의 머리를 가지고서 나발을 만들 수는 없잖은가."

"너무 서두르지 마십시오. 그리고 걱정하지 마십시오."

"그래, 내 자네만 믿네."

꾀보는 한참을 생각하는 듯하더니, 장인의 귀에다 입을 대고서 소곤소곤 거렸다. 그리고는 큰 소리로, 만약에 시키는 대로 하지 않으면 지금까지 든 재물과 노력, 그리고 시간까지도 모두 수포로 돌아갈 수밖에 없다며, 주의를 환기시켰다.

장인은 꾀보가 시키는 대로 대동강가에 나갔다. 꾀보가 장인에게 알려준 방법이란, 지극히 단순한 것이었다. 그저 강가에 앉아, 무턱대고 앉아 있기만 하면 되는 것이었다. 꾀보는 항상 일리 있는 말만 한다며, 덥고 습한 강가 모래밭으로 들어갔다.

한 달여 밤낮을 황금빛 출렁이는 웬 사내가 강가 모래밭에 앉아 있는 것을 보았다는 이들이 꽤 있었다. 모래밭에 앉아 있는 사내가 장인이라는 사실을 모르는 이들도 상당수였다.

어쨌든, 장인의 마음은 조급해져갔다. 한 달이 지났는데도 머리엔 어떠한 기색도 보이지 않았기 때문이다. 그저 내리쬐는 햇발에 따가울 따름이었다.

한 달 하고 엿새째가 되는 어느 날, 조급했던 장인의 마음이 조금씩 풀리기 시작했다. 스멀스멀 장인의 머리를 향해 새까만 고둥들이 올라오고 있었기 때문이다. 하루도 거르지 않고 시중을 들던 아내도 남편의 몸을 기어오르는 고둥을 보자 기쁜 나머지 눈물을 흘렸다.

이젠 영락없는 부처의 머리였다. 구경을 하던 사람들의 가슴은 경외로움으로 가득했다. 드디어 장인이 일어섰다. 느릿하고 육중한 걸음걸이로 그 많던 구경꾼들을 이끌고 금당으로 향했다. 금당 안은 이끌려온 구경꾼들로 복잡거렸다.

모두들 장인의 머리를 보고서는 감탄해마지 않았다. 장인의 그 인내심도 이내 찬사덩이로 변하였다. 인내는 고행이고, 이러한 고행은 곧 부처가 되기 위한 통과의례가 아니고 무엇이겠느냐는 말들을 너나없이 하였다.

사람들은 장인이 앉아 있는 수미단 앞에다 향을 피웠고 꽃을 갖다 바쳤다. 약간만 어둑해져도 촛불로 주위를 환하게 밝혔다. 맛있는 떡과 빛깔 좋은 과일들로 풍성하게 상을 차렸고, 절을 했다.

다음 날에는 멀리 금강산 수도승들이 다녀갔다. 이들은 경전에 나온 것처럼, 공경하고 존중하며 경탄하고 그리하여 꽃과 향과 구슬과 바르는 향과 사르는 향과 가루 향과 그 밖의 갖가지 향과 비단과 깃발을 드리워 공양하고 돌아갔다. 장인을 부처라고 모두가 인정한 셈이다.

많은 사람들은 오랜 고행 끝에 이룬 부처라고, 한 입처럼 칭송해마지 않았다. 어느 누구도 그렇게 하지 못 할 것이지만, 역시 부처될 사람은 그렇게 하게끔 돼 있다고도 하였다.

시간이 흘렀다. 그런데 시간이 흐를수록 사람들은 하나 둘씩 장인 곁을 떠나갔다. 장인이 감격해마지 않는 닷새째, 금당 안은 달랑 아내와 단 둘이었다. 아내와 단 둘인 장인의 마음은 허전했고, 아내 역시 몸 둘 바를 몰라 했다. 부처된 기분이 불과 며칠이 못 돼 엉망이 돼버렸다.

'지금까지 한 고생이며 든 금은 그렇다고 치자. 부처란 누군가. 고해에 빠진 중생을 바른 길로 인도하는 재미로 살아가는 분 아니던가. 그런데 인도 받아야 할 중생이 모두 떠나버렸으니….'

장인은 보람은 커녕 뭔가 모를 불안과 초조감으로, 그야말로 좌불안석이었다.

"부인, 그리 많던 사람이 다 어딜 간 거요? 왜 이리 되었소. 혹시, 다른 작자가 부처랍시고 돈을 마구 뿌리는 건 아니요?"

아내도 당혹스러워 했다.

'지금까지 들인 공과 돈은 얼마인가. 이렇게까지 해서 이룩한 부처, 아니 남편을 등지고 떠나가버리다니….'

참으로 너무들 한다고 생각하였다.

허탈해 하는 장인을 뒤로 하고 금당 밖으로 나온 아내는 누군가를 부여잡고서 이렇게 물었다.

"개똥 엄마! 제 남편이 뭘 섭섭하게 했나요?"

"아, 아니어요!"

"소똥 엄마! 혹시 다른 작자가 부처랍시고 돈을 마구 뿌린답니까?"

"아니, 그, 그게…."

물어보았으나 물어보는 족족 난처한 표정을 지을 뿐이었다. 물어도 대답을 하지 않는지라, 장인의 아내는 답답하고 폭폭할 뿐이었다. 아내가 다시금 집 안으로 들어선 순간, 이게 무슨 냄새인가!

무, 무슨 냄새지?

냄새를 좇아 뛰어 든 곳은 남편이 앉아 있는, 아름답다 못해 황홀한 금당이었다.

"아니, 갑자기 개처럼 킁킁대질 않나, 이게 무슨 해괴한 짓이요!"

갑자기 킁킁대는 아내를 장인은 호되게 꾸짖었다.

아내는 고개를 들어 남편을 본 순간, 다시금 밖으로 뛰쳐나가고 싶었다. 장인의 아내가 왜 그랬느냐고?

남편의 머리 꼭대기에 붙어 있는 무수한 고둥들이 더운 날씨에 곯아버린 것이다.

"이봐, 부인! 왜 그러고 있는 거야? 엉?"

장인은 몸을 돌려 다시 나가려던 부인을 향해 꽥, 하고 소리를 질렀다. 나가려다 말고 멈칫하는 아내의 입과 코를 틀어막은 손 한쪽이 머리 쪽을 가까스로 가리켰다. 그러더니, 한 동안 웩웩거렸다.

그때서야 장인의 커다란 두 손이 머리를 감쌌다. 끈적거리는 기분

나쁜 촉감이 후각을 자극하게 될 줄이야. 장인의 코는 순간 노새처럼 벌름거리기 시작했다. 큰 눈은 소눈깔처럼 자꾸만 위로 치켜뜨는 바람에 흰자만이 남게 되었다.

장인의 두껍고 둔한 얼굴은 서서히 아주 서서히 일그러졌고, 끝내 탐욕스런 입이 벌어졌다. 위로 홉뜬 눈, 탐욕스런 입, 그리고 머리를 감싸 안은 듯한 장인의 손은 점점 돌처럼 딱딱해져갔다.

위로 홉뜬 눈과 탐욕스런 입, 손으로 머리를 감싸는 듯한 해괴하고 망측스런 불상은 오랜 세월 동안 강의 어느 포구에 자리하고 있었다.

장꾼이나 사공들은 이 해괴한 불상 앞을 지날 때마다 엽전을 던졌다. 장인의 탐심이 일까봐 던지는 것이라나, 어쩐다나.

은전놀이와 필마단동

나의 숙부께서 들려준 나의 고향과 나의 집안에 관한 이야기다. 나의 고향 사람들은 어느 노교수의 말처럼, 혈연과 지연으로 그 밖의 갖가지 인연으로 그물코처럼 얽혀서 한 평생을 살았다. 그렇게 살기를 먼 조상 때부터였다. 그런데 언제부턴가, 나의 고향 마을에 외인이 들어왔다.

본 문은 외인이 들어오기 시작하면서 한때 흔들렸던 나의 고향 마을의 얘기다.

나의 숙부의 얘기를 정리하다가 〈구백동화(舊白銅貨) 무효(無效)에 관한 고시문〉(1908) 을 읽게 되었다. 대한제국의 탁지부에서 일반 백성들에게 '이제 백동화가 더 이상 통용되지 않으므로 매수를 청구하여 불이익을 당하지 않도록 하라' 는 고시문이다.

고시문 전문을 소개하면 다음과 같다.

'구백동화는 지난 융희 이년 십일월 말로써 일반 통용을 금지하고 다만 공납에만 한하여 본년 십이월 말까지 사용을 허용하였으나 명년 일월 일일부터는 결코 통용함을 금지할 터이니 인민 등은 그 가진 구백동화를 본년 내로 공납에만 사용하되 오히려 남은 것이 있거든 역시 본 기한 내로 매수함을 청구하여서 의외의 손해를 당하지 않도록 조심함이 가함. 융희 삼년 십일월 일일 탁지부 대신'

은전놀이

평창은 원래 김아무개로, 평창은 그의 별명이다. 마을에서는 김아무개라는 이름보다 평창으로 통했는데, 이는 김아무개가 원했을 수도 있다.

평창은 시아버지를 이겨먹었다는 민비의 시대에 적지 않은 재물을 갖다 바치고서 강원도 평창군수를 수 개 월 지낸 이력 때문에 붙여진 별명이었다. 또 다른 얘기도 있다. 호남의 뛰어난 재인과 기생을 관리하던 김아무개가 고종과 민비 앞에서 수준 높은 공연을 한 공로로 평창군수직을 재수 받았다는 풍문이다. 풍문대로라면, 평창은 요즘의 연예기획사 대표쯤으로 보아도 무방할 것이다.

강원도 평창까지 '가는데 달포 오는데 달포' 라는 유행어가 생겼을 정도로, 평창의 군수 재임 기간은 짧았다. 지나치게 짧은 재임 기간이 되레 평창의 위신을 떨어뜨릴 수 있었다. 고심하던 차에 평창은 은전놀이를 생각해냈다. 더불어 가산이 빈약해빠진, 그렇지만 위신만은 옛 그대로인 양반가를 물색하였다.

평창이 낙점한 양반가는 농산의 안씨였다. 농산의 안씨는 유력하지는 않지만 대대로 체신을 지키는 일을 중히 여겼던 집안이다. 평창은 우선 농산의 전답을 모조리 사들였다. 안씨 문중의 사우와 사우가 있는 문중산까지 통째로 사들였다. 사우를 헌 그 자리에다 영모재(永慕齋)라는 김씨 사우를 반듯하게 건립했다. 그리고 영모재 바로 위에다가는 평창의 선대묘를 마치 능묘처럼 꾸며놓았다.

어느 때부턴가, 농산에서는 영모재를 평창재라고 불렀다. 안씨 문중산 역시 평창산이 되어버렸다. 평창재 바로 아래의 고운 잔디밭 한가운데 연못 역시 평창지였다. 어찌됐건, 나라가 위태위태할 시절에 김아무개는 한때 평창군수였고, 나라를 잃은 식민지 시절에도 그는 여전히 평창군수로 불렸다.

나른한 봄이 되어, 평창은 농산을 찾았다. 평창이 농산에 행차하는 날이면 인근의 마을까지도 술렁이었다. 평창이 탄 화려한 가마를 끄는 건 나팔수였다.

삐빼삐빼…. 나팔 소리가 마을 사람들을 끌어 모았다. 평창재로 향하는 농산의 대부분은 평창의 땅을 밟지 않고서는 살아갈 수 없는 소작인들이었다. 철모르는 아이들까지 얼씨구 절씨구 하면서 평창재로 몰려들었다.

평창지에서 평창이 선보일 놀이는 은전놀이였다. 은전놀이에 앞서서 평창은 구슬놀이를 해보였다. 한 손에 쥔 구슬이 어느 새 다른 손에 쥐어져 있는, 요즘으로 말하면 매직놀이를 선보였다. 농산 사람들은 구슬놀이를 '평창둔갑치기' 라 불렀다. 연이은 감탄사가 군중 속에서 흘러나왔고, 평창은 연신 끌껄껄거렸다.

평창은 구슬놀이가 싫증났던지 곧바로 은전놀이에 들어갔다. 은전놀이는 놀이라기보다는 허공에다 은전을 한 움큼씩 뿌려대는 행위에 지나지 않았다. 그런데 이 놀이만큼은 이상하게도 평창이라는 이름이 붙지 않았다. 그저 은전놀이일 뿐이었다.

평창의 집에서 회계를 본다는 감색 양복의 집사가 불쑥 나타나더니, 이렇게 말하였다.

"이번에는 군수님께서 여러분에게 은전을 베푸실 차례요. 자, 아낙들은 요 앞으로 나오시오."

손을 까불리며 앞으로 나오라는 집사의 요구가 계속되었다. 그러나 어느 누구 하나 선뜻 나서지 않았다. 이때, 집사는 백동화 한 닢을 들어 보였다. 백동화는 오얏나무와 그 꽃이 문양 돼 있었다. 이씨 왕조의 문장인 오얏꽃이 빛을 받아 반짝거렸다.

백동화를 향해 쭈뼛거리며 조금씩 앞으로 나서는 이는 다름 아닌 나이 어린 것들이었다. 드디어 은전놀이가 시작되었다. 버선발을 한 평창의 밀가루 같은 흰 손이 백동화가 가득 담긴 바구니에게로 갔다. 한 움큼의 백동화가 좌청룡 쪽으로 흩뿌려졌다.

휘익, 차르르르르…. 허공에 떠 있는 백동화가 잔디 위로 후두두둑 떨어졌다.

우르르르르…. 뒤에서 멈칫거리던 아낙들까지 뛰어들었다. 아웅다웅 법석을 떠는 것을 본 평창은 연신 끌껄껄껄거렸다. 평창은 웃음을 멈추지 않은 가운데 백동화를 우백호 쪽으로 뿌렸다. 허공에서 반짝이는 백동화를 향한 무수한 손들이 흐느적거렸다.

끌껄껄껄껄껄…. 호방하게 웃어젖히는 평창의 얼굴은 붉은색 기운으로 가득하였다. 백동화는 허공에서 반짝이다가 잔디 위로 후두두둑 떨어졌고, 이때 남정네들의 손까지 잔디 속을 더듬거렸다.

을사조약이 체결되던 해에 일제는 대한제국의 화폐 제도를 크게 바꾸었다. 이때 품질이 병종으로 구분되는 백동화는 화폐로서의 가치를 상실했던 것이다.

필마단동

은전놀이 근처에는 얼씬도 하지 말라며, 집안 아낙들을 단속하던 석암(石岩)은 평창의 소작을 물리쳐서 유명해진 대쪽 선비였다. 문중 일각에서 사우와 문중산을 평창에게 넘기려고 할 때, 석암은 사우에 들어가 나올 생각을 하지 않았다.

사우가 평창에게 넘어가던 날, 석암은 이렇게 말하였다.

"위신이 돈으로 사질 것 같으냐!"

나의 할머니 고향은 나의 고향 마을과 그리 멀지 않은 마석(磨石)이라는 곳이다. 마석의 초입은 동글동글하고 매끈매끈한 돌들로 가득하였다. 매끈한 돌들 때문에 마석은 '가는돌' 또는 '간돌' 이라 불렀다.

마석에서는 나의 할머니의 집안을 남진사댁, 또는 장원댁이라고 불렀다. 나라가 명멸해 가니, 그 시대의 마지막 급제자의 집안도 따라서 기울었던 것 같다. 할머니의 조부는 조선의 마지막 사마시의 장원 급제자였다. 우수한 성적으로 입격하고도 능력을 펼치지 못한 것은 전통적 인재 선발 방법인 과거제가 유명무실해졌거나, 또는 폐지되었기 때문이다.

진사는 벼슬은 아니었지만 음직으로 벼슬길이 열려있었다. 더불어 성균관에 입학할 수도, 대과에 응시할 수도 있었다. 그러나 세상은 개화다 난이다 정변이다 하여 급박하게 돌아갔고, 신학문을 해야만 등용을 바라보던 시대가 되면서 남진사는 등용의 꿈을 접어야만 했다.

남진사의 품에서 자란 유복자인 나의 할머니에게는 위로 오빠 한 분과 두 언니가 있었다. 기울던 명망가의 부와 위신은 그런대로 유지되었던지, 할머니 위로 언니 한 분은 부안의 만석꾼 집안으로 시집을 갔다. 할머니의 형부 되는 이는 동경 유학을 갔다 온 문학도였다고 한다. 또 한 언니는 전주의 어느 행정가에게로 시집을 갔다.

할머니의 오빠, 그러니까 아버지의 외삼촌은 일찍이 마석의 가산을 정리하고서 읍내로 나와 있었다. 그때, 할머니는 가난한 서생과 혼인하였다. 가난한 서생은 석암이요, 석암은 곧 나의 할아버지다.

노령 갈재를 넘나들다가 날이 저물어 오갈 데가 없는 나그네들에게 석암의 집은 쉼터이자 의지처였다. 석암은 집을 찾는 이가 누구든지 간에 이들과 겸상하였다. 그리하여 붙여진 석암의 별명은 '겸상'. 아버지와 나의 중부와 숙부는 늘상 찾아드는 나그네의 발 씻을 물을 데워 떠 날리는 일로 바빴다고 하였다.

근자에 농산의 원로들과 석암과 교유했던 명망가들은 석암의 이 같은 선덕(善德)을 기리려 농산의 동구에다 선덕비 하나를 세웠다.

봉제사 접빈객. 옛날 양반들의 위신은 여기에서 비롯되었다. 제사를 정성스레 모시기로 소문 난 석암이 한 해 동안 모실 제사는 족히 일곱은 되었다 하니, 집안의 아낙들은 일년 내내 제사 준비에 몰두해야만 했다.

제사를 이레 앞 둔 어느 날, 나의 아버지와 숙부는 마당과 집으로 들어오는 진입로까지 비질을 하고, 그 위에다 새하얀 마사를 뿌렸다. 마사를 체에 쳐서 얻은 고운 백토로 부뚜막 손질까지 하고 나면 남정네들이 하는 제사 준비는 마무리 되었다.

제사를 나흘 앞둔 집안의 여인네들은 양잿물에 담가서 푹 삶아 건져 올린 김이 펄펄 나는 이불감을 빨랫줄에다 널었다. 오후가 되어, 잘 말린 빨랫감들이 바람결에 나풀거릴 때면 할머니의 오빠이자 아버지의 외삼촌이 탄 나귀의 방울 소리가 들렸다.

따랑따랑따랑…. 경마잽이 아이 하나와 앞서거니 뒤서거니 하며 느릿하게 오는 게 분명 외삼촌이 탄 나귀였다. 이를 두고서 석암은 긴 탄식과 함께 필마단동(匹馬單僮 . 조선시대 유력한 양반들이 출타에 필요한 최소한의 요건으로서 말 한 필과 노비 한 명을 뜻한다. 당시 초라한 양반의 행색을 의미하기도 함)이라 하였다. 외삼촌의 초라한 행색은 수상한 시절 때문이라며, 석암은 늘상 안타까워했다.

큰 제사 때면 으레 농산을 찾는 외삼촌을 석암은 사랑으로 맞아들였다. 외삼촌은 상견례를 마치기가 무섭게 긴 장죽을 꺼내놓고 담배를 재었다.

외삼촌은 오후 내내 할아버지와 함께 주역(周易)의 서전서문을 외웠다. 간혹, 헛기침과 가래 내뱉는 소리가 들렸고, 캥캥캥 놋재떨이에 장죽 터는 소리도 들렸다.

"에헴, 거 누구 없느냐. 청수 한 사발 떠 오니라."

석암의 부르는 소리에 문을 열면, 쌈지의 담배를 장죽에 재면서 길게 한 모금씩 빨아 불을 붙이는 외삼촌의 누렇게 뜬 모습을 볼 수 있었다. 때론, 벽에 비스듬히 기댄 외삼촌의 초점 잃은 눈도 볼 수 있었다.

장죽을 빠는 회수가 더할수록 외삼촌의 입가에 침이 흘러내렸다. 이쯤 되면, 석암은 외삼촌 혼자 계시도록 아버지와 숙부를 사랑에서 내보냈다. 석암도 다른 방으로 자리를 옮겼다.

외삼촌은 그 해 겨울을 넘기지 못하고 세상을 떠났다.

그 뒤에 안 일이지만, 외삼촌은 당시에 앵속을 하였던 것이다.

말목장터 감나무

정읍 황토현에 가면 동학농민혁명기념관이 있다. 기념관 중앙 현관에는 동학농민운동을 처음부터 끝까지 지켜보았던, 죽어서 앙상한 말목장터 감나무 하나가 전시돼 있다.

나는 역사에 관심 많은 둘째와 동학농민혁명기념관에 자주 들른다. 말목장터 감나무 앞에 선 둘째의 유심한 관찰은 마치 감나무와 얘기를 하는 듯하다.

기념관을 나서면서부터 둘째의 끝없는 질문은 성가실 정도였다. 둘째는 감나무에게 질문을 하고 나는 감나무가 된 것처럼 말이다. 둘째의 질문이 쏟아질 적에 나는 동학농민운동 이후인 1898년의 영학당(英學黨) 사건과 관련한 글을 준비하고 있었다.

폭풍우가 치던 어느 날이었다. 그 때의 내 나이 180살. 말이 180살이지 근동의 감나무들 가운데 가장 많은 수령에 해당한다. 그런 내가 폭풍우에 쓰러져서 머리와 손발이 잘린 채, 황톳재의 동학농민혁명기념관에 전시돼 있다. 마치, 공주 우금치에서 죽어간 농민군들처럼.

나를 이곳에 전시한 이유는 수령이 많아서가 아니다. 동학농민운동이 어떻게 일어나서 전개되었는가를 누누이 지켜본 유일한 존재라는 것 때문이다.

이태 전의 여름, 폭풍우가 나를 쓰러뜨리자 마을의 청년들이 동학농민운동을 처음부터 끝까지 지켜본 상징이라며, 나를 기념관 로비에다 전시하였다. 이때부터 나는 기념관의 공예품 같은 존재로 전락하였다.

기념관을 다녀 간 많은 이들은 내 옆의 설명서를 자세히 읽지 않는다. 그저 나를 위아래로 훑고선 산뜻하고 너른 로비로 곧장 가버린다. 기껏해야 '야, 참 크기도 하다'는 정도의 감탄사가 고작인 그들 생각에는, 나는 로비를 채우는 소품이었다.

그러던 어느 날, 아주 오랜만에 나를 알아보는 이를 만날 수 있었다. 정확하게 말하면, 날 알아본 그 아이가 날 찾아온 것이다. 그때가 관람 종료 시간을 앞 둔 무렵이었다.

전시관의 이곳저곳을 돌아보면서 부지런히 메모하던 그 아이의 이름은 재영이. 나를 유심히 바라보던 재영이는 공책에다 날 그려넣기까지 하였다. 아이들이 사진을 찍으려고 바싹 내 앞으로 다가오는 경우는 더러 있지만, 이렇듯 날 상세하게 그려넣기까지 한 아이는 재영이가 처음이었다.

놀라운 것은 재영이가 읊조리듯이 내게 말을 건네는 것이었다. 갓난아이가 나를 바라보면서 칭얼대는 경우는 더러 있었지만, 제법 큰아이가 내게 말을 건넨 경우는 재영이가 처음이었다.

내가 폭풍우에 쓰러지던 날, 나도 모르게 통곡하였다. 땅속 깊숙이

박힌 뿌리에서부터 가지 끄트머리까지 부르르 떨면서 우 우 우 웅, 하고 울었다. 이런 내 울음소리에 놀란 이들은 다름 아닌 마을의 나이든 노인들.

노인들은 내 울음소리에 두려움과 한기를 느꼈었다. 갑오년의 피울음을 울던 민초들의 혼을 생각하면서 노인들은 두려워했다. 그 이후로, 나를 알아보는 이는 재영이가 처음이 아닌가 싶다.

내 앞에 바짝 다가선 재영이가 나직이 내게 물어왔다.

"말목장터에서 뭘 보았기에 네가 여기에 와 있지?"

처음에는 어린애가 칭얼대는 줄로만 알았는데, 묻는 게 제법 진지했다. 우물쭈물하는 사이에 재영이는 또 다시 또랑또랑한 말투로 내게 물었다.

"당시 농민들이 관(官)의 부당함을 성토하던 곳이 말목장터 아닌가. 자신들의 권리를 찾거나 지키기 위한 노동운동이 전국의 산업 현장에서 일듯이 말이야."

자세히 보니, 재영이는 아이가 아니었다. 키는 작았지만 중학생임에 틀림없었다. 그런 재영이의 비유는 아주 적절했다. 1894년 당시 사회 구성원의 대부분은 농민들이었다. 관리나 양반들의 불편부당함이 곧 농민들의 삶을 피폐하게 하였다. 따라서 당시의 부당한 현실을 개혁하고자 한 이들 대부분은 농민들이었다.

이처럼 농민들이 모여 조직적으로 관리나 양반들의 부조리함을 성토하고, 이의 시정을 요구했던 곳 역시 농촌이었다. 당시 고부는 전국 최고의 곡창 지대 가운데 하나였다. 재영이의 역사를 보는 눈은 대단

했다.

난 재영이를 향해 이렇게 말했다. 그 동안 기념관을 다녀간 수 천 수만의 사람들 가운데 어느 누구보다도 훌륭한 관람객이라고.

그런데 재영이의 질문은 여기서 멈추지 않았다. 아니, 재영이의 본격적인 질문은 지금부터였다.

"농민들이 말목장터에 모여서 군수 조병갑의 학정을 성토했다지? 더 나아가, 장터에 모인 사람들에게 농민들이 군수 조병갑의 학정을 알리고 봉기의 필요성을 제기했다지? 동학농민운동이 끝난 이후에도 이곳은 관리와 양반들의 부조리함을 비판하고 성토하는 일종의 해방구였던 셈이고. 그런데 한 가지 이해가 안 되는 부분이 있어. 위층 전시관에 1898년과 1899년 두 해에 걸쳐서 일어난 '영학당의 봉기' 직전에도 말목장터에서는 종교적 행사를 빙자한 농민 집회가 자주 있었다고 하던데?"

헉, 이 아이는 학생이 아니라 역사 선생님 같았다. 내가 당시에 본 그대로를 얘기하고 있었으니 말이다.

그랬다. 1894년 동학농민운동 직후에 살아남은 농민들은 관과 양반들의 농민군 토벌이 잦아들면서, 조금씩 고개를 들기 시작했다. 이들은 이곳 장터를 거점으로 세를 다시금 규합했는데, 규합된 이 대부분은 동학농민운동 과정에서 희생된 가족들이었다.

당시 말목장터에는 영국인 목사가 세운 교회가 하나 있었는데, 이 교회가 바로 영학교회였다. 당시 외국인 교회와 외국인 성직자는 치외법권에 버금가는 권리를 보장 받고 있었다. 때문에 농민 전쟁에서 살아남은 이들은 영학교회에 의탁의 길을 택했던 것이다. 의탁한 이들을 일컬어 영학당(英學黨) 또는 영학계(英學契)라고 불렀다. 관에서는 이들을 일컬어 봉두난발자(蓬頭亂髮者) 또는 무지초목배(無知樵牧輩)라고 했다.

"봉두난발자와 무지초목배란 무슨 뜻이지?"

정말로 대답을 안 할 수가 없는 상황이 돼 버렸다.

'그래, 내가 본 대로 들은 대로 얘기해주마. 봉두난발자란 웃자란 쑥의 줄기처럼 긴 머리털이 마구 흐트러진 이들을 말하고, 무지초목배란 아는 것 없이 땔나무나 하고 짐승을 치는 이들을 말하지. 무지하고 천한 빈농들을 관이나 양반들이 그렇게 불렀던 거야. 아무튼 봉두난발자와 무지초목배로 불리는 이들은 영국인 목사가 세운 일명 영학교회에 들어갔던 거야.'

"아하, 그래서 영학이라고 했구나. 동학(東學) 서학(西學) 남학(南學), 하듯이 영국인이 하는 거라서 영학(英學)이었구나."

'그렇지. 당시에 영국의 성공회를 영학이라고 했을 거야. 천주교를 서학이라 했듯이. 이곳 장터에서는 당시에 영국인 목사의 설교도 있었지만, 주로 시정 개선을 요구하는 농민들의 집회가 더 많았어. 농민들이 관리들의 탐학과 학정을 성토했던 이곳 장터는 교회가 세워짐에 따라 또 다시 반봉건 운동의 성지가 돼 버린 거야. 당시 영학당이라고 불리는 이들의 수효는 대략 5, 6백명 가량으로, 이들은 선교 활동을 빙자한 시국 집회를 자주 갖곤 하였지. 그러나 이들의 집회는 오래 가지 못했어. 관의 탄압으로 집회가 중지되고 말았거든.'

"그런데 당시에 외국인 선교사나 목사들이 왜 치외법권에 버금가는 권리를 보장받았던 거지?"

'당시의 조선은 영국, 프랑스, 미국, 러시아, 일본 등 제국주의 열강의 영향 아래에 있었어. 만약에 조선의 관리가 이 땅의 외국인들에게 불이익을 준다거나 사전 협의도 없이 외국인을 구속한다면 외교적 문제로 비화될 것이고, 열강은 이를 빌미로 이 땅의 여러 이권을 빼앗아버리지. 이권 양도를 거절할 경우에는 군사적 침략도 서슴지 않았기에, 당시 정부나 관으로서는 외국인들을 함부로 대할 수가 없었던 거야.'

"그래서 관과 양반들로부터 쫓기는 농민들이 영학교회로 들어갔구나. 다시 말하면 영학교회에 의탁한 셈이로구나."

'그래 맞아. 봉두난발자나 무지초목배로 불리는 이들까지도 관과 양반들의 학정을 피해서 영학교회에 의탁한 것이지. 그리고 인근 사람들까지 참여하면서 영학계로 확대 발전한 거고. 영학계가 조직된 지역을 보면, 정읍·부안·태인·고부·장성·흥덕·무장·고창 등지이며, 그 밖의 순창·담양·만경·김제·나주·전주·금구·함열·광주 등지에서도 조직되었지. 영학계에 대한 관의 탄압이 심해지자, 흰 수건이나 누런 수건으로 머리를 감싸고 평량자를 쓴 농민들이 옷에 도서를 찍고, 보국안민(輔國安民)이라고 쓴 깃발을 내걸면서 봉기를 한 거야.'

"옷에 도서를 찍어? 도서가 뭐야?"

'응, 책이나 그림, 글씨 등에 찍는 도장을 말하는데, 여기에서는 아마 동학의 부적을 뜻했을 거야.'

"맨 처음의 봉기는 언제 어디에서 일어났는데?"

'1898년 지금의 고창 흥덕에서였어. 당시 흥덕은 현(縣)이었지. 영학계 우두머리 이화삼이가 주동이 되어, 악덕한 흥덕 현감을 내쫓는 사건이 1898년에 발생했던 거야. 사건이 확대되는 것을 원치 않은 농민들은 스스로 해산하였고, 이화삼이는 관에 체포를 당했지. 이화삼이가 체포 당하자, 영학당 조직이 고창 감옥에 있는 이화삼이를 구출할 것이라는 소문이 끊이질 않았어. 그러다가 1899년에 정읍의 영학계를 중심으로 하는 농민 300여 명이 또다시 봉기를 한 거야. 이들은 곧바로 홍덕과 무장으로 진격해서 관아를 접수하고, 이어 고부 관아를 습격해 총과 창검 등의 무기를 탈취해 곧바로 고창성으로 진격했지.'

"고창성이라면, 모양성을 말하는 거니?"

'그래 맞아, 모양성. 넌 보통 아이가 아니었구나. 역사에 아주 해박한 아이야. 고창성은 우리나라 읍성 가운데 가장 견고하고도 아름다운 성이지.'

"그래서? 공략을 해서 성을 점령했어?"

'고창성 인근 아산이라는 곳에서 전열을 재정비한 농민군은 새벽녘을 틈 타 고창성으로 재 진격했어. 그런데 갑작스럽게 쏟아지는 폭우로 피아를 구별할 수 없는 상황이 돼버린 거야. 더욱이 당시 농민군의 주 무기인 화승총은 비에 젖으면 사용할 수가 없거든. 따라서 고창성의 일부가 불에 타긴 했으나, 수성군(守城軍)에게 밀리면서 영학당의 고창성 탈환 작전은 실패하고 만 거야. 고창성 공격에 실패한 농민군은 당시 고부군 부안면 알뫼장터(현 고창군 부안면)로 퇴각했다가 다음 날에 추격하는 관군과 접전을 벌이기도 하였지. 농민군은 퇴각을 하면서 산발적으로 전투를 벌였고, 흩어졌다가 다시 모이는 등의 지루한 싸움은 고부에 전주진위대가 진격해 내려오는 그 해 여름까지 이어졌어.'

"그런데 영학당의 봉기가 동학농민운동하고는 어떤 연관이 있지?"

'봉기를 주동했던 이들 대부분은 영학보다는 동학을 추종했던 이들이야. 이들의 봉기 목적은 방문(榜文)이나 깃발에 나타나 있듯이, 벌왜벌양(伐倭伐洋) 보국안민(輔國安民)이었지. 이는 서학을 반대하는 동학의 입장과도 가깝다고 볼 수 있어. 따라서 당시의 영학당의 성격은 반(反)봉건적이면서도 반(反)개화적인 입장이었다고 할 수 있지.'

"아, 정말로 새롭네. 그 이후의 일들도 궁금해."

'그 이후의 일들도 결코 작은 일들은 아니었어. 영학당의 봉기가 실패하자 당시 대다수의 농민들은 실의에 빠지고 말았어. 그러함에도 활발한 장터의 기능은 유지되었지. 일제가 한국을 식민지로 만들면서 이곳 고부는 삼분되고 말았어. 일부는 부안군으로, 일부는 고창군으로, 그리고 고부땅의 대부분은 정읍군으로 복속되어 버렸지. 이후에도 관과 지주들의 이곳 농민에 대한 수탈은 끊이질 않았어. 일제에 의해, 일제의 비호를 받는 지주들에 의해서 이루어진 수탈은 여전히 농민들의 생존을 위협하였어. 그러나 전처럼 농민들이 이곳에 모여서 비분강개한다거나 성토하는, 그런 일은 없었어. 만약에 그랬다간 주재소에 끌려가 밤새 고문으로, 어쩌면 목숨을 부지할 수조차 없었을 테니까.'

"광복 이후의 일들도 얘기 해 줘."

'광복 이후에, 이곳 장터가 활성화 되는 듯 했어. 그러나 예전 같지가 않았지. 한국전쟁 당시에는 우리끼리 살육을 했었어. 당시를 생각하면 끔찍해. 날이 밝으면 내 한쪽 가지에 사람 목이 하나씩 걸려 있는 거야. 그리곤 그 이듬해, 전쟁이 끝나면서 매달린 목의 유족들이 내 한쪽 가지를 아예 잘라버렸지. 아, 참으로 슬프고 고통스러웠어. 그 후

로, 이곳 장터는 서서히 메말라갔던 거야.'

"장터가 왜 메말라갔지?"

'그야, 농경사회에서 산업사회로 빠르게 진행되었으니까 그렇지. 산업화로 도시가 발달하면서 농민들이 농촌을 떠나기 시작했어. 그러니 이곳 장터는 휑뎅그레 빌 수밖에.'

"아, 산업 구조가 바뀌면서 이렇듯 장터의 기능까지도 변하게 되었구나. 불과 100여 년 전의 일인데, 이렇듯 장터도 사람도 크게 바뀌게 되다니. 또한, 살아가는 방식에 따라서 사람들의 생각도 이렇듯 바뀌게 되는가 보구나. 이곳 말목장터의 부침을 들으면서 우리나라 근현대사를 한껏 느낄 수가 있어. 너같은 감나무만 못한 우리의 짧은 근현대사 속에는 너무나 많은 것들이 깃들어 있구나."

'넌 이상한 애야. 다른 아이들은 리니지 게임이다 친구들과 문자 메일 남기기다 대중가요 따라 부르기다, 하는 일상을 좇는데 넌 따분하게 공책을 들고서 이런 델 찾는, 참으로 이상한 애야.'

"헤헤, 사실은 역사, 특히 우리나라의 근현대사를 좋아하게 된 건 순전 우리 아빠 때문이야. 아빤 역사 선생님이시거든. 쉬는 날이면 빠짐없이 날 데리고 다니셔. 물론, 아빠 혼자이면 심심하니까 나와 동행하셨겠지만. 어쨌든, 난 아빠와 이런 델 다니는 게 싫지가 않아. 오히려 아빠보다 이런 델 더 다니고 싶어하는 걸."

'부전자전이로군.'

"재영아, 기념관 문 닫겠다. 어서 나와."

재영이 아빠가 밖에서 부르는 소린가 보다. 잘 가, 똑똑한 친구야.

농바우

근대 민중종교를 깊이 있게 연구하겠다는 생각으로 순창의 농암 마을에 들어간 때는 1990년 초겨울 무렵으로 짐작된다. 시루도인의 예언과 관련한 어느 노인의 기억을 듣게 된 것도 이 때였을 것이다. 지금부터 농암의 여러 분의 기억으로 남아 있는 시루도인과 관련한 예언 이야기를 시작하겠다.

본 문은 내가 질문을 하고 노인이 대답한 그대로를 옮겨 적은 것을, 약간의 해설을 가미해서 정리한 것이다. 참고로, 노인의 대답 가운데 ( ) 안의 내용은 내가 붙인 해설이다.

첫 만남에서 노인은 나를 한껏 경계했다.

두 번째부터는 경계를 풀었고, 세 번째 만남에서는 나의 질문에 노인은 자연스럽게 대답하였다.

나는 농바우가 왜 농바우로 불려졌는지에 대해 먼저 물었다.

"충대충대하니 장롱처럼 생겼다고 해서 농바우여, 암. 지금은 땅 속으로 묻혀버렸는데, 옛날에는 온전한 농이었지. 장석도 있고 팔괘도 새겨져 있다고 들었응게."

"옆의 작은 바위도 예사롭지가 않네요."

"아, 모퉁이에 있는 바우! 아먼. 모퉁이의 작은 바우를 손자바우라 하기도 하고 궤바우, 옥새(玉璽)바우라고도 하지. 보통 바우는 아녀, 암."

"보통 바위가 아니라면…."

"아, 농바우 손자 격이니 보통이라고 보긴 힘들겠지. 저것마저 묻혔더라면 큰일 날 뻔 했응게."

"먼저, 농바위에 얽힌 얘기를 해주세요."

"아, 농바우라면 장군 갑옷이지. 그 양반이 이곳 농바우에다가 누런 노다지로 된 갑옷을 벗어놓고서는 저 쪽 각시바우와 탕관바우를 잇는 줄에서 놀았지. 줄 위에서 뒷걸음질도 하고, 재주를 펄떡펄떡 넘었응게. 아, 그런데 이 쪽(손가락으로 가리키며)에, 무엇이냐, 아, 이쪽 모퉁이에 계집 하나가 숨었더란 말여. 장군이 노는데 계집이 봐서야 쓰겠는가. 안 되지, 암. 그러니까 계집이란 것이 그래서 요망한 것이여."

"지금은 시대가 변해서 여성이 장군도 하고 대통령도 합니다."

"아무리 시대가 변해도 그렇지. 그리고 그런 건 세상 이치가 아녀. 아, 하늘이 있으면 땅이 있듯이 부모와 자식이 있고 임금과 신하가 있는 법 아닌가, 으흠. 남자가 있으면 여자가 있는 법이고. 그게 음양의 이치라는 것이여. 음은 양이 있으면 없어지는 법이니게."

"바위 얘기나 해주세요."

"아무튼, 계집이 보고 있다는 걸 알은 것이지. 아, 그걸 모르면 장군이 아니지. 그 계집 때문에 장군은 갑옷을 챙길 겨를도 없이 하늘로 올라가버렸응게. (노인은 농바우가 묻혀 있다는 곳을 가리키며) 여기가 바로 그 농이 있던 자리여. 장군이 이 농 속에다 갑옷을 넣어둔 채로 하늘로 올라가버렸지. 아 그런데, 그 계집이 슬며시 엿 본 그것을 다른 이들에게 다 말해버렸지 뭔가. 내 그래서 계집을 요망하다고 한 것이여. 갑옷이 농바우에 들어 있다고 읊고 다닐 게 뭐람. 그러면서 그 얘기가 나온 것으로 봐야지, 암."

"그 얘길 먼저 해 주세요."

"아, 시방 그걸 하고 있응게, 으흠."

노인은 짜증 섞인 말투로 나의 조름을 탓하였다.

"누구든 농에 든 갑옷을 꺼내는 이가 장군이 되어 천하를 다스린다고. 그리고 천하가 그 이 손에 들어갈 때면 세상은 차별이 없는 새 세상이 된다고들 했응게, 음."

"새 세상이 되면 남녀 차별도 없어지겠네요."

순간 노인은 당황해 했다.

노인의 얼굴에는 얼른 다른 의제로 갈아타려고 애를 쓰는 흔적이 역력했다.

"아, 글쎄 그건, 흠. 그건 그렇고…. 그리고서 갑옷을 꺼내려는 호걸들의 발길이 잦았었지. 정여립부터 녹두 전명숙까지, 그 농 속 갑옷을 꺼내려고들 애를 썼지."

"그래서 갑옷을 꺼냈나요?"

"아, 못 꺼냈응게 세상이 이 모양이라고들 하는 이도 있지만서도, 농 속 갑옷의 임자는 따로 있었지, 암."

"임자가 따로 있다니요?"

노인은 나의 질문 따위엔 관심 없다는 듯, 당신 하고 싶은 말을 계속 이어나갔다.

"을사늑약을 당하고 이태가 되었을 적이지. 그때 나의 조부님께서 도인을 이곳으로 뫼셨어."

"도인이라면 누구를 말하는지요?"

"아, 그 시루도인 말이여. 시루도인께서 래방하면서 우리 집은 북새통이었다지, 음. 아버님 말씀에 의하면, 도인의 허연 얼굴에 가지런한 수염이 꼭 신선 같다고 했응게. 거기다가 태극 문양의 장죽을 들고 다니셨다니 참도인이셨지, 암."

"사람들이 왜 몰려들었죠?"

"아, 도통하려고 그랬겠지. 모든 사람이 도통을 하게 되면 그게 바로 신선 세상 아닌감. 그리고 죽을 병도 도인께서 만져주면 곧 나았다고 했응게. 그것 말고도 몸을 보이지 않게 숨기는 둔갑장신(遁甲藏身)도 하시고, 붓으로 시루 정(鼎)자를 써서 소지를 하면 김이 모락모락 나는 떡시루가 눈앞에 놓여졌다고도 했응게. 아, 그런 도인이 농암에 오셨으니, 농바우 얘기가 자연적으로 흘러 나왔겠지. 혹시 저 도인께서 갑옷을 꺼낼 수 있지는 않을까 해서 이곳 사람들은 우리 조부님께 넌지시 물었다잖아. 아, 그런데 그 도인께서는 이미 그것을 알고 계셨다지, 암."

"도인이 뭘 알았다는 겁니까?"

"아, 농바우에 있는 갑옷 말이여. 도인께선 농 속 갑옷을 꺼내는 이까지도 미리 알고 계셨더란 얘기여, 암. 농암에 오신 지 삼칠일(21일을 말함)째, 도인은 이곳 사람들을 데리고 농바우와 궤바우에서 고천제를 올렸지. 그때 도인께서 그런 말씀을 하셨다는구먼. 최면암(최익현. 조선 후기와 한말의 유학자이자 의병장)이 꺼내려다 못 꺼낸 것은 임자가 아니라서 그런 거라고. 아, 최면암이 누군가. 상감의 생부 흥선군 이하응(고종의 친부로, 고종이 어려 섭정을 하기도 함)을 아래로 끌어낸 이가 아니던가. 면암은 또한 이곳에서 왜놈들과 한 치 물러섬 없이 일전을 벌였던 무쇠 같은 강직한 이로세. 아, 그런 최면암이 이 갑옷의 주인이 아니란 거여, 음."

노인은 달변에 가까웠다.

나에 대한 경계를 푼 노인의 입은 쉬지 않았다.

"그리고 황톳재의 전명숙(전봉준. 동학의 접주이자 동학농민운동을 주도했던 혁명가)도 주인은 아니라고 했다는구먼. 아, 전명숙이가 누군가. 천하에 모르는 이 없는 총기 있는 대장군이 아니었던가. 그런 전명숙도 농 속 갑옷의 주인은 아니라는 것이지."

노인은 분명 들떠 있었다. 이 대목에서는 나 역시도 들뜨기는 마찬가지였다.

"최면암도 전명숙도 아니라면 그럼 누구란 말입니까?"

"아, 그래서 사람들은 도인의 얼굴만 물끄러미 쳐다보았던 것이지. 그런데 최면암도 전명숙도 아닌 생판 모르던 이를 얘기하더란 거여. 차천자(차경석. 동학운동을 하다가 민중종교인 보천교를 조직, 신국가 건설을 주도했던 종교 운동가)라고, 거기도 들어봤지? 그쪽 공부를 한다고 했으니."

"예! 차천자라면 차경석?"

"아먼. 육백만 교도로 왜놈들을 내쫓고 새로운 나라를 세우려고 했던 호걸 중 호걸이었지. 경복궁을 능가한 대궐을 짓고서 천자(天子)가 되려고 했던 당대 최고의 영웅이로세. 당시에 나도 한번 가 봤응게, 내 잘 알지. 천자가 머문다는 곳에서 큰 행사가 있다기에 갔었는데, 운해(雲海)와 같은 사람들이 뙤약볕에서 식표를 받으려고 줄을 섰는데, 내서 있는 자리가 딱 십리여, 음. 한 나절을 기다렸다가 들어갔는데, 내 생전에 유려하고 웅대한 그런 대궐은 처음이여. 몇 해 전인가, 서울 큰아들이 불러서 가봤던 경복궁은 저리 가라 했응게, 암. 지금 서울 조계사의 웅장한 대웅전 건물이 바로 보천교의 십일전(十一殿)이여."

"차천자라 불리는 차경석과 보천교를 저도 조금은 압니다."

나는 의제를 바꾸려고 노인의 말을 끊었으나, 노인은 되레 내가 한 말을 가지고서 의제를 확장시켜 나갔다.

"그렇겠지, 보천교를 가지고 글을 많이 썼다고 했응게, 암. 당시 조선총독이 차천자를 배알(지체 높은 분을 만나 뵘)했으니, 천자가 아니고 뭣이겠는가. 면암도 녹두(전명숙의 별호)도 아닌 갑옷의 주인이 바로 차천자라 했으니, 당시에 모인 이들은 모두가 어이없어라 했지, 암. 나중에 알고 보니, 차천자라는 자가 바로 그 자였었네 그려. 당시에는 그 누구도 차천자가 누구인지를 몰라 했었는데, 천하의 호걸이 되고 난 뒤에야 그 도인의 예언이 딱 들어맞았다는 것을 알게 되었지. 참으로 신통하셨지, 암."

"차천자가 갑옷을 가져갔으니 천하를 호령했어야 하지 않나요?"

"암, 그 얘기가 당연 나와야지. 당시에 차천자가 궤바우(손자바우 또는 옥새바우로도 불림)에 든 옥새마저 꺼냈더라면 달라졌겠지. 아, 옥새

없는 임금이 어디 있당가. 아무튼 당시에 농바우에 대한 이런말 저런 말들을 많이 하니까, 왜놈들로서는 껄끄러웠겠지. 차천자가 조선을 독립시킨다 어쩐다 새 나라를 세우니 어쩌니 하니, 왜놈들로서는 필시 두려웠겠지. 종국에는 그 죽일 놈들이 농바우를 찾은 것이여."

이제 보니, 노인은 다혈질이었다. 노인의 얼굴은 불그스레하니 달아 올라 있었다.

"어느 날, 왜놈 순사가 놉 수 명을 데려와서는 이 농바우를 쓰러뜨렸지. 그래야만 천자 등극을 막을 수 있다고 생각한 것이지. 그런데 이 농바우가 좀 커야지. 쓰러뜨리는 중에 놉 두 명이 크게 다쳤다는구먼. 아무튼, 농바우가 기울면서 천자 등극은 유야무야 돼버렸어. 참으로 안타까운 일이여, 음."

"지금 땅속에 묻혀 있는 모습이 왜정 때의 그 모습이었나요?"

"아녀. 그러니까 박대통령 시절이었지. 당시에 새마을운동이라 해서 마을 동구를 넓힌다고 거꾸러져 있는 농바우를 아예 땅속에다 묻어 버렸지. 그때부터 죽 쑤고 있어. 하나 둘씩 마을을 떠나더니, 이젠 마을까지 텅 비어버렸지 뭔가."

"이제라도 농바우를 바로 세우면 되잖아요."

"이젠 틀려먹었어. 아 뭣이냐, 갑옷이 없는 빈 농이잖는가. …그래도 다행스런 것이, 음."

"다행스럽다니요?"

"아, 궤바우라도 온전한 게 어딘가. 참으로 다행이지."

"궤바우에 얽힌 얘기도 좀…."

"그건 함부로 할 성질의 것이 못 돼. 나도 자세히 모르고, 음."

"아시는 대로 말씀해 주세요."

"천기누설은 아니어도, 함부로 얘기할 것은 못 돼. 내가 아는 것은 저 궤바우가 정씨와 관련이 있다는 것뿐이여, 음."

"정씨라면 정감록에 나오는 진인(眞人)을 말씀하시나요?"

"그건 모르지. 정감록인지 뭔지는. 아무튼, 도인께서는 손자바우를 궤바우라고 고쳐 불렀고, 그 궤 속에는 옥새가 들어있다고만 하셨다니까. 백 년 쯤 지난 어느 해에 궤바우의 옥새를 갖는 이가 천자에 오른다는 건 시루도인 이전부터 전해지는 얘기라고 하더구먼. 그런데 이상한 것은 그 정씨가 차천자의 손자라는 말도 있어, 음. 이는 도인의 말씀은 아니니까 그리 알아. 아무튼, 백 년쯤 지나 정씨가 나타나서 궤바우의 옥새를 꺼내어 계룡산에 도읍을 정하고 나라를 일으키니, 그를 믿고 따르는 이는 다 양반이 돼서 높은 벼슬을 한다고 한 것이 내가 들은 얘기의 전부여, 음."

"차천자의 손자라면? 차씨 성을 가져야 하는데…. 아, 조선총독부 촉탁 민속학자 무라야마 지준〔村山智順〕이 쓴 「조선의 점복과 예언」(1933년)이라는 책에도 그런 내용이 있어요. 조선의 정감록 풍설을 조사하고 분석해 놓은 이 책에는 '차천자의 손자 정아무개가 깊은 산 속에서 밤낮으로 수련을 하다가 세상에 나타나니, 그때에 새 세상이 된다. 새 세상에서는 정아무개를 받드는 사람들이 새 정부의 요직을 차지하게 된다'라는 내용이 들어 있어요. 물론, 정감록을 자의적으로 해석한 것에 불과하지만요."

"그, 그런 건 잘 몰라, 흐음. 그런데 거기에 이름까지 나와?"

내 얘기를 다 듣고 난 노인은 당황해 했다.

노인과의 대화 내용은 여기까지 해서 마무리하겠다.

미양면 법전이

나는 한때 성환의 홍수영 회장님댁에 잠시 머문 적이 있다. 그때 들었던 홍회장님의 기억이다. 회장님은 모친을 따라 지금의 안성시 미양면 법전리의 한 조그마한 절에서 유년을 보냈다.

유년의 회장님의 기억은 '지나가는 행인의 소변으로 그만 미륵불이 되지 못한 석불 이야기' 에서부터 '미륵불을 쓰러뜨린 들쥐 이야기' 까지 다양했다. 그 가운데 몇 개를 간추려서 소개하겠다.

홍회장님 모친은 한때 법전리의 한 조그마한 절의 공양주(공양주란 절에서 음식과 제례를 준비하는 여신도)였었다. 이때, 회장님의 나이는 예닐곱. 당시 주지스님의 성은 김이요 이름은 알 수가 없어 그냥 김스님이라고 불렀다. 스님에게는 사내아이가 하나 있었는데, 회장님보다는 두어 살 위였다.

김스님네 아이는 수원과 서울을 잇는 경수철도 둑 너머 다리깨에 사는 맹서방댁 아이와 친했으며, 이 둘은 한결같이 짓궂었다.

하루는 수백 년 묵은 느티나무를 맹서방댁 아이가 기어올랐다. 맹서방댁 아이를 받쳐주는 이는 김스님네 아이였다. 맹서방댁 아이는 두 발로 큰 나뭇가지 사이를 딛고서, 한 손으로 허리춤을 뒤적거리며 그

것을 꺼내었다. 재(齋)를 지내려고 갖다 놓은 김이 나는 떡시루에다 오줌을 누기 위해서였다.

그때였다. 순식간에 돌풍이 일더니, 거대한 나무가 휘청하였다. 아이는 그것을 채 집어넣지도 못하고 가지 한 쪽을 죽어라 부둥켜안았다.

순식간에 일어난 일이었다. 두 다리를 지탱시켜주던 나뭇가지가 이리로 저리로 휩쓸리더니 이내 아이의 몸을 조여버렸고, 나뭇가지에 끼인 맹서방댁 아이는 백지장처럼 하얗게 질려버렸다.

아래에서 받쳐주던 김스님네 아이는 급히 요사채를 향해 내달렸다.

"스님, 큰일났습니다. 누가 죽어갑니다. 어서 오세요, 어서요!"

축 늘어져 있는 아이를 지그시 바라보던 김스님은 손에 쥔 목탁을 두드리기 시작했다.

또로록 딱따 또로록 딱따 딱딱딱딱….

김스님의 해진 적삼이 땀으로 후줄거렸다.

그때였다. 나뭇가지가 휘청 하더니 찢는 소리를 내면서 맹서방댁 아이를 뱉어내는 것이 아닌가.

아이가 제 정신을 되찾자 김스님은 다음과 같은 탄식을 남겼다.

"미륵님으로 승진 못한 게 오줌 때문이었거늘, 쯧쯧."

하루는 김스님네 아이가 장대 끝에 맨 화젓가락을 부리나케 달궜다. 벌겋게 달궈진 화젓가락을 치켜들고 뒤란의 감나무 아래에 서는 게 아닌가.

깍깍깍 깍깍깍 깍깍깍깍…. 무성한 나뭇잎 사이로 까치들이 홰를 치며 야단법석을 떨었다.

자세히 보니, 작대기만한 회갈색 구렁이가 까치집을 노려보는 게 아닌가. 장대 끝의 낫으로 끌어내리려고 해도 꿈쩍하지 않던 구렁이가 벌건 화젓가락을 갖다 대자마자 뒤틀기 시작했다.

문어발처럼 꼬아대던 구렁이는 나뭇가지가 부러지면서 김스님네 아이의 머리를 아슬아슬하게 스치면서 땅으로 떨어졌다. 소스라치게 놀란 것은 아이 뿐만이 아니었다.

가까스로 정신을 차린 김스님네 아이는 구렁이를 장대에다 칭칭 감고서는 어디론지 향했다.

그때 김스님은 아이에게 이렇게 타일렀다.

"죽이지 마라. 영물이로세."

아이는 구렁이를 죽이지 않았다. 대신 낑낑대며 철둑 너머의 강가에다가 장대 채 내던졌다. 홍회장님도 구렁이가 강물에 휩쓸려서 떠내려가는 것을 분명히 보았다고 하였다.

다음 날, 해가 중천에 자리 잡을 무렵이었다. 어제 그 무성했던 잎사귀 속에서 까치들이 또다시 요란스레 짖어댔다.

깍깍 깍깍 깍깍깍깍…. 어제 그 화젓가락에 하얗게 상처가 난 회갈색 구렁이었다.

아이는 이번에야말로 그냥 둘 수 없다며 또 다시 화젓가락을 불속에다 집어넣었다.

이를 본 김스님은 아이를 말렸다.

"아, 야들아, 그 미물은 죽지 않는단다. 죽어서도 사는 영물이니, 그

만들 해라."

하루는 법당 안에 누런 황구렁이가 똬리를 틀고 있었다.

그 해 여름은 유난히 구렁이가 눈에 잦게 띄었다. 구렁이는 사람의 기척만으로도 사라지곤 했으나, 법당의 황구렁이만은 똬리를 튼 채 꿈쩍도 하지 않았다. 회장님 모친께서 헛기침을 하며 고춧불을 피워대도 구렁이는 화석처럼 움직이지 않았다.

이때, 김스님은 향을 사르면서 사람에게 하듯이 이렇게 말하였다.

"어찌해서 아직도 올라가지 않았는가? 그렇게도 한이 되던가! 여기는 미륵님이 계신 곳이니, 어서 나가 있게나. 내 다 생각이 있어 그러하니, 어서 나가 있게나."

김스님의 말이 채 끝나기가 무섭게 황구렁이는 흔적도 없이 사라져버렸다.

그런데 다음 날 그 미물이 또 나타났다. 내보내면 다음 날 그 자리에 어김없이 똬리를 트는 이상한 구렁이.

김스님은 철로에서 죽은 문덕리 이서방댁 둘째 며느리의 초례 때 입은 저고리의 옷고름을 뜬금없이 찾았다. 사십구재 때 사자(死者)의 치마며 저고리가 죄다 불태워졌다는데, 옷고름이라니. 불 속에 들어가야 할 옷고름을 떼 가지고 놀던 이서방댁 아이로부터 빼앗은 옷고름을 초재 때 다시 태우려고 고리짝에 넣어뒀던 것을 이서방은 기억한 것이다.

가져 온 고리짝을 여는 순간, 이서방과 이서방네 처가 식구들은 놀라움을 금치 못하였다.

"스님, 아이고 스님! 이거 좀 보세요."

고리짝을 들여다 본 이 모두는 기겁하고야 말았다. 고리짝을 직접 확인한 김스님 역시 당황해 하기는 마찬가지였다. 옷고름이 있어야 할 고리짝에는 구렁이의 하얀 비늘이 자리하고 있었기 때문이다.

곳간 쪽에서 쥐 한 마리를 몰면서 노는 아이들을 향해 김스님은 이렇게 말렸다.

"아서라, 그것도 먹고 살려고 하는 미물인데, 먹다 배부르면 들어간단다."

그러면서 오래 전부터 미양에서 회자된 들쥐와 미륵 이야기를 하였다. 홍회장님을 통해서 듣게 된 쥐와 미륵 이야기는 분명 홍만종의 「순오지(旬五志)」에 나오는 '야서혼(野鼠婚)' 이었다.

홍회장님이 유년에 보냈던 미양은 사람과 들쥐가 먹고 남을 만큼의 쌀이 풍족하였다. 알맞게 솟아오른 산과 비옥한 땅의 미양은 인심도 후했다. 이곳 사람들은 이처럼 살기 좋은 땅에서 사는 행운을 미륵님 덕으로 돌리는 것을 늘 잊지 않고 있었다.

2부

모순, 혼돈 그리고 야만

동인과 서인

선과 악, 정(正)과 사(邪) 등의 이분법으로 역사를 이해하던 때가 있었다.

초등학교 때 담임선생님은 이틀이 멀다 하고 임진왜란 이야기를 꺼내들었다. 이야기의 요체는 왜란을 사전에 대비하지 못한 조정과 임금의 현명치 못한 데 따른 안타까움이었다. 그 가운데 가장 기억에 남는 대목은 왜(倭)의 동태를 살피라고 보낸 조선통신사 황윤길과 김성일에 관한 것이었다.

1590년 3월 일본에 파견한 통신사는 정사인 황윤길과 부사 김성일, 그리고 서장관 허성 등 3인으로 구성되었다. 왜로 건너간 정사와 부사 두 사람은 파가 서로 달랐다. 황윤길은 서인으로, 당시 집권 세력인 동인 김성일과는 정국을 푸는 해법을 달리하였다.

귀국한 이들이 국왕 앞에서 보고하였다. 이를 '복명' 이라고 한다.

"전하, 왜가 심상치 않사옵니다. 겉보기엔 화친을 원하고, 나태하고 무력하기까지 하지만 속은 그렇지가 않았사옵니다. 도요토미 히데요시는 분명 이 나라 조선을 침공할 것이옵니다."

황윤길이 국왕께 보고한 주요 내용이었다. 그런데 김성일의 보고는 황윤길의 보고와는 사뭇 달랐다.

"전하, 저는 그렇게 보지 않사옵니다. 왜는 그저 왜일 뿐이옵니다. 도요토미 히데요시는 큰 전쟁을 수행할 만한 위인은 못 되옵니다. 설사 그들이 전쟁을 일으킨다 한들 조선의 정예군을 꺾지는 못할 것이옵니다. 이러한 사정을 그들이 더욱 더 잘 알고 있사옵고, 따라서 그들은 감히 이 나라 조선을 넘보지 않을 것이옵니다."

이렇듯 황윤길과 김성일의 보고는 서로 반대에 서 있는 듯하였다.

담임선생님의 입장은 분명했다. 김성일의 보고는 잘못된 것이며 황윤길의 보고가 정직하고 정확했다는 것을 왜란 직후에야 국왕은 비로소 알게 되었다면서, 담임선생님은 김성일과 함께 국왕을 신랄하게 비난하였다. 심지어 김성일을 두고서 한 담임선생님의 비난은 욕설에 가까웠다.

"그때 김성일의 거짓 보고만 아니었더라면, 임금이 동인을 신뢰하지 않았더라면, 조선이 그렇게까지 왜놈들에게 당하지는 않았을 것이다."

그때부터 나는 황윤길 같은 인물이 되어야겠다고 다짐하였다. 더불어 김성일 같은 이들을 미워하였다. 거짓으로 보고하는 것을 일삼는 역사상의 인물들을 만나면 김성일과 동일시하였다. 더 나아가 동인에 대한 혐오감까지 갖게 되었다.

당시 나는 담임선생님을 존경하였는데, 그 이유 가운데는 담임선생님의 성이 황씨였다는 점이 포함되었다. 더불어, 한 동안은 김씨 성을 가진 이들을 싫어하기도 했다.

동인과 서인, 김성일과 황윤길이라는 이분법적 역사 인식은 중학교에 입학해서도 사그라지지 않았다.

이분법적 역사 인식이 역사를 이해하는데 있어서 혼란을 초래케 한 것은 중학교 국사 시간이었다.

조선의 대학자라고 하는 퇴계 이황이 동인이었다는 것을 알게 되면서부터 그 혼란은 극에 달하였다. 더불어, 율곡 이이가 서인이었다는 것이 무척 다행이라고 생각하였다. 한편, 역사를 이해하는 데 있어서 '만약' 이나 가정을 내세웠다.

이황이 서인으로 분류되었더라면 얼마나 좋았을까.

한편으로, 당시 십만양병설까지 더해져서, 이이를 더욱 큰 인물로 추앙하게끔 하였다.

우연이었던가.

천원짜리 지폐에 이황의 초상이, 오천 원짜리 지폐에는 이이의 초상이 그려져 있는 것을 안 나는 한국은행의 평가는 매우 정당했다는 생각으로까지 이어졌다.

5와 2

나의 고향집에서 바라다 본 노령은 병풍처럼 펼쳐져 있다. 가운데 큰산이라 불리는 삼신산(三神山)은 내가 어렸을 때도 지금도 변함이 없이 거기에 있었다.

큰산에는 크고 작은 계곡들이 굴곡져 있다. 사계에 따라서 그 굴곡들은 다르게 보였는데, 녹음이 짙은 여름의 굴곡은 내천(川)과 불화(火)자가 되었다. 눈 많은 겨울의 굴곡은 숫자가 되어 내 눈에 들어왔다.

초등학교에 입학하기 전의 겨울에 나는 큰산의 굴곡들을 바라보면서 숫자를 익힌 적이 있다. 숫자는 겨우내내 모순과 혼돈으로 내 안을 맴돌았던 것 같다.

유년의 숫자 익히는 과정을 생각하면서 모순과 혼돈은 만들어지고 주어지는 게 아닌, 내 안의 작용이라는 생각을 하게 되었다.

겨울 큰산의 빛깔은 푸른 기운이 섞인 회색빛, 이른바 청회색이다. 청회색의 큰산에는 하얀 굴곡들이 어지럽게 새겨져 있다.

큰산 계곡의 채 녹지 않은 눈은 숫자 5를 만들었다.

누님들에 의하면, 난 5를 가장 먼저 깨쳤다고 한다.

"큰산의 흰 눈으로 만들어진 숫자 보이니?" 하면, 난 즉시 "오!" 하고 대답했다는 것이다.

지금도 겨울이면 큰산의 5라는 숫자는 변함없이 내 눈에 들어왔다.

세상은 내 이름자보다는 5를 먼저 떠올리면서 나를 '오째' 라고 불렀다. 오째!

사실 난 다섯째다. 위로 누이 셋 형 하나, 이렇게 해서 나는 다섯째. 아래로 남동생 하나까지, 6남매다.

그런데 이 5가 은연중 나를 궁지로 내모는 경우가 종종 있었다.

초등학교에 채 들어가기 전이었을 것이다.

그땐 유치원 같은 게 없었으니, 큰누님은 나를 가르치겠다고 공책에다 연필을 준비해 가지고 내 앞에 나타났다.

"자, 오늘부터 숫자 공부를 해야지. 숫자를 깨우쳐야 학교에 들어갈 수 있단다."

나는 누님과 숫자 쓰기부터 하였다.

1, 2, 3, 4, 5, 6, 7, 8, 9, 10.

일, 이, 삼, 사, 오, 육, 칠, 팔, 구, 십.

이렇게 열 번을 쓰고 열 번을 읽었다. 그런데 그렇게 읽고 나면 그뿐이었다.

누님은 내게 잦은 질문을 했다.

"자, 이게 무슨 숫자지?"

누님은 손가락으로 숫자를 하나하나 가리키며 내게 물어왔지만, 당시 내 눈에 들어오는 숫자는 거의 없었다. 단지 '2' 와 '5' 만이 내 눈에 희미하게 들어왔을 뿐. 그때 난 '2'와 '5'를 구분할 수 없어서 '2'를 '오'라고 대답해버렸다.

내가 '2'를 '오'라고 하면 할수록 누님은 번갈아 가며 '2'와 '5'를 가리켰다. 급기야, 나는 '2'와 '5'를 구분하지 않고 그저 오 오 오, 하고 내뱉었다. 하다 못한 누님은 잠시 동안 숨을 고르더니, 마지못해 이렇게 말하였다.

"그래, 오는 맞다. 그런데 이 '5'만을 '오'라고 하는 거야."

하면서 '5'를 검지로 꾹꾹 눌렀다. 그때 뿐이었다. 다시 '2'를 가리켜 물으면 또다시 헷갈리기 시작했다. 급기야 나는 '2'를 또다시 '오'라고 말해버린 것이다.

한동안 말이 없던 누님은 나를 반대 방향으로 앉혔다. 그러더니 다시 '2'를 가리켰다.

"자, 이제 오로 보이니?"

하고 물었다.

물론 그때 나는 "오" 하고 대답하였다.

누님은 다시 원래의 위치에다 나를 앉혔다. 그리고는 반대 방향에서 읽었던 '2'를 검지로 누르며,

"이 '오'는 '이'라고 하는 거야."

라고 말하였다.

그런데 그 다음이 문제였다. 나는 누님의 검지로 가리킨 '5'를 '이'라고 말해버렸던 것이다. 순간 누님의 커다란 손이 내 뒤통수를 타격하였다. 머리가 핑그르르 돌면서 나의 입이 쩍 벌어졌다. 부엌에 어머니가 계시다는 것을 안 나는 더욱 더 큰소리로 울었다.

이때 부엌일을 하시다 말고 어머니께서 황급히 달려왔다.

"아예 애를 잡아라, 잡아. 그깟 공부 좀 시킨다고 애를 잡아!"

어머니의 큰소리에 내 입은 다물어졌다. 그 뒤로, 내 숫자 공부는 둘째누님이 맡게 되었다.

계속 2와 5를 혼동하다가 끝내 초등학교에 입학하게 되었고, 새봄이 돼서야 2와 5를 분별하게 되었다. 큰산 계곡의 잔설이 사라진 뒤로 나는 '2'를 '이'라 하고 '5'를 '오'라고 분명히 구분하였던 것이다.

절름발이 생각

오른손잡이인 나는 지금도 왼손을 거의 쓰지 않는다. 이렇게 된 데는 어른들의 고정된 생각과 관련이 있다. 내가 태어나자마자 왼손 쓰는 것을 못마땅하게 여긴 어른들이 아이였을 때에도, 어른들의 어른들 역시 왼손 쓰는 것을 마뜩치 않게 생각하였다. 그렇게 하기를 누대에 걸쳐서이다. 누대에 걸친 어른들의 고정된 생각을 나는 '절름발이 생각' 이라 부른다.

절름발이 생각은 오늘날 우리 사회에 적지 않은 파문을 일으키고 있다. 분단과 전쟁, 독재와 부패, 빈부 격차, 지역 편중과 과도한 이념 논쟁 등. 그러나 무엇보다 절름발이 생각은 현대 한국인들의 합리적 사고와 논리적 판단을 감퇴시키고 있다는 점이다.

2000년대 중반이었던가. 노동자들의 파업이 언론의 도마에 오르내렸다. 특히, 노동자들의 잦은 파업을 비판하던 주요 언론들은 노동자들의 임금을 문제 삼았다. 연봉 1억원이 넘는 귀족 노동자들이 파업은 왜 하느냐며 비판한 것이다.

이 같은 언론의 태도는 노동자가 감히 1억원이 넘는 연봉을 받아도 되는 것인가로 비춰지기도 했다. 연봉 1억원이 넘는 노동자들은 극히 일부이고 여론을 주도하는 주요 언론 종사자들의 연봉에 비하면 사실 열악한 환경의 노동자에게 1억원은 그리 많은 것이 아님에도 불구하고 언론은 노동계가 날마다 파업을 일삼는다며, 노동계를 강력 비판했던 것이다.

주요 언론들은 일찍이 학력 지상주의가 팽배한 한국 사회를 심히 걱정하였다. 학력이 신분이 되어선 안 되며, 더 좋은 학력을 쌓기 위한 사교육(私教育)은 곧 망국의 지름길이라며, 큰 우려를 표했었다. 더불어 독일이나 스위스, 스웨덴 등 서유럽의 사례를 들면서, 좋은 기술 하나만으로도 노동자가 우대 받는 사회를 만들면 사교육은 없어지는 것 아닌가, 하면서 고등학교 실업 교육의 중요성을 강조하였다.

상식에 비춰보면, 한국 사회의 여러 문제는 교육 문제에서 기인한 측면이 있다. 교육 문제 가운데 초미의 관심사가 바로 '학력 지상주의'다. 학력 지상주의를 타파하는 방법으로는 주요 언론들이 강조했던 것처럼, 학력은 낮지만 좋은 기술을 보유한 노동자들이 고액의 임금을 받을 수 있는 풍토를 만드는 일이다. 그런데 고액 연봉을 받는 극소수의 노동자들이 힐난 받는 풍토에서는 학력 지상주의의 타파는 요원할 수밖에 없다.

그런데 주요 언론에 종사하는 높고 좋은 학력의 소유자들에게는 학력 지상주가 타파되어선 안 되는 것이었는지도 모를 일이다. 학력이 신분이 되는 사회는 바람직하지 않지만, 자신들에게만큼은 이러한 바람직한 것들이 적용되어선 안 되는 것이라고 생각하는 것은 아닐까? 그래서 높고 좋은 학력을 가진 자신들의 연봉 1억원은 마땅하지만, 그렇지 않은 노동자들의 연봉 1억원은 너무 과다하다는 생각을 하였을 수도 있다.

또 다른 절름발이 생각 하나를 소개하겠다.

졸렬한 정치 권력에 의해 민주주의와 인권이 경시되는 것에 대해 저항하고, 거대 재벌의 불법적인 부의 세습을 비판하는 시민들에 대한 주요 언론의 태도에서 '북한의 예'가 잦게 나타난다.

민주주의나 인권이 최악이며 더불어 3대째 세습을 시도하는 북한의 권력층이 엄존하는데, 민주주의와 인권의 후퇴, 그리고 재벌의 불법적인 부의 세습을 비판하는 남쪽의 시민들이야말로 주요 언론의 눈에는 한가한 치들이었다.

'재벌의 세습을 비난하면서도 북한의 권력 세습은 왜 방관만 하느냐'는 식의 태도에서는, 북한의 인권 상황에 따라 남한의 인권 상황도 맞춰져야 한다는 과거 독재 시대의 논리로 비춰지기도 한다.

한국의 민주주의가 북한으로 인하여 발전하지 못해도 된다는 말인가? 한국의 인권이 북한으로 인하여 지켜지지 않아도 된다는 것인가? 북한의 김씨 세습이 엄존한 상태에서 한국 재벌들의 불법적 부의 세습을 비판해서는 안 된다는 것인가? 북한이 있는 한 한국에서의 민주주의란, 인권이란, 경제의 정의란 사치스러운 것인가?

주요 언론의 이중적이고 모순된 태도는 주요 언론사 스스로가 권력과 금력에 의존하는 구조를 계속 유지하겠다는 것이요, 주요 언론사의 또 다른 세습 문제를 덮어버리기 위한 수구적 행위에 지나지 않는다고 할 것이다.

이처럼 모순된 태도가 우리 사회에서 끊이지 않고 드러나는 이유는 무엇일까. 어디까지나 합리적 사고와 논리적 판단을 하지 못하는 군상이 있기 때문이다. 즉, 절름발이 생각을 하는 이들이 아직도 우리 사회에 만연해 있기 때문이다.

절름발이 생각은 모순된 태도를 끊임없이 만들어가게 하는 측면이 있다. 천하의 흥망에는 한낱 보통 사람에게도 책임이 있다〔天下興亡 匹夫有責〕는 중국 잠언을 떠올리면서, 절름발이 생각과 관련한 우화 하나를 만들어 보았다.

여기는 동아시아 한국. 이곳에서는 나 왼손이 그다지 환영을 받지 못한다. 내가 존재하기에는 참으로 척박하기 그지없는 곳이다. 반면에 오른쪽의 오른손은 어른들의 냉대와 무관심 속에서 존재하는 나와는 대조적이다.

어린 주인이 내게 잠깐이라도 눈길을 줄라치면 어른들의 어김없는 타박이 이어진다.

"에끼놈, 바른손을 써야지!"

어른들은 오른손을 바른 손, 왼손을 그른 손이라고 했다. 이른바 오른손을 참으로 왼손을 거짓으로 본 것이다.

근래에는 왼쪽을 '좌익'이라고 말하기도 한다. 이때의 좌익은 붉은색과 관련을 짓기도 한다. 좌익을 경멸하는 이곳 사람들은 붉은색은 남쪽을 가리키며 이는 생산과 생명을 의미한다고, 오래 전부터 믿어왔는 데도 말이다.

얼마 전에 400여 년 간 이어져온 병호시비(屛虎是非)가 해결되었다고 한다. 병호시비란, 안동의 복원될 호계서원(虎溪書院)의 위패의 위치를 놓고서 서애 유성룡의 후예와 학봉 김성일의 후예들이 벌인 논란이다.

두 명문가의 후예들은 조상의 위패를 서로 왼쪽에 모시기를 원하였다. 오른쪽보다는 왼쪽을 높은 자리로 여겼던 모양이었다. 가운데는 퇴계 이황의 위패였는데, 문제는 왼쪽과 오른쪽에 모실 위패였던 것이다. 그런데 최근에 학봉의 후예들이 양보해, 서애의 위패를 왼쪽으로 모시기로 했다는 것이다.

한국에서는 왼쪽을 '양' 이라 하고 오른쪽을 '음' 이라고 한다. 더불어, 아침은 왼쪽이고 오른쪽은 해가 지는 서쪽을 상징한다. 반대로 서양에서는 해가 뜨는 쪽이 오른쪽이다. 왼쪽은 해가 지는 서쪽을 말한다. 그러함에도 우리네 선대들은 왼손을 그른손이라 하고 오른손을 바른손이라고 했던 것이다.

사람들의 언어는 개념을 만들고 이러한 개념은 다시 사람들의 생각을 지배한다. 더불어, 만들어진 개념들은 자칫 편견과 고정관념을 낳기도 하며, 더 나아가 순수하고 깨끗한 영혼을 훼손시키기도 한다. 지식 생산이 폭증하는 현대에는 더욱 그러하다.

아무튼 한국 사람들은 의·식·주 모두를 오른손으로만 해결하려고 했다.

나는 하는 일이 없이 그저 빈둥거리다가 하루를, 한 해를 그리고 한 평생을 보낸다. 나 왼손은 오른손보다 그 무엇을 잘해낼 수도, 주인을 위해 그 어떤 일을 할 수도 없다. 겨우 오른손이 푼 밥을 담는 뜨거운 밥그릇을 드는 게 전부다.

한번은 주인님이 못을 박고 있었다. 오른손은 망치 자루를 쥔 채 우쭐거렸다.

"왼손, 넌 못이나 잡고 있어."

이때 나는 겁이 덜컥 났다.

"이거 봐, 오른손! 지난번처럼 무지막지하게 내리치지 마. 침착하게, 알았지!"

"그거야 장담 못 하지."

오른손은 퉁명스럽게 대답했다. 처음에는 한두 번 조심스럽게 내리치다가 못이 계속 버팅기자 화가 난 오른손이 이내 사납게 내리치기 시작하였다.

쾅, 쾅, 쾅…. 일곱 번째 내려친 망치가 그만 빗나가고 말았다.

으앗, 앗, 앗, 아야야야….

주인님이 학교에 들어갈 즈음이었다. 이전까지만 하여도 집안의 어른들은 주인님을 그리 크게 나무라지는 않았다. 학교에 들어갈 즈음의 어른들의 태도는 이 전과는 확연히 달라졌다.

밥상 앞에만 앉으면 어른들의 간섭과 꾸지람은 시작되었다.

"또, 또, 그, 그른 손!"

어른들의 흘기는 눈만으로도 주눅이 든 주인님은 내게 쥐어줬던 숟가락을 오른손에게 넘겼다. 젓가락질 역시 오른손에게 맡겨버렸다. 밥을 먹는둥 마는둥 하는 주인님은 숭늉 사발을 나에게 갖다달라고 하다가도 얼른 시선을 오른손으로 옮겨버렸다.

집안 어른들이 없는 곳에서는, 가령 구슬치기를 하는데 나에게 왕

구슬을 쥐어주게 한다든지, 팽이채를 잡게 하여 오색의 팽이를 돌리게도 하였다. 눈 흘기는 어른들이 없었기에 가능한 일이었다. 그리고 편견이라고는 조금도 없는 주인님의 맑고 깨끗한 영혼 때문이었다. 그런데 아무도 보지 않는다는 주인님의 생각이 잘못됐다는 것을 금세 알 수 있었다.

어른들은 귀신같은 존재였다. 저녁 밥상 앞에서 밥을 먹기 시작할 무렵에 숟가락을 쥐어야 할 오른손이 꿈쩍도 하지 않는 게 아닌가. 순간, 주인님은 나로 하여금 숟가락을 잡게 하였던 것이다. 그 때였다.

"네끼누움! 아직까지 바른 손을 제대로 못 쓰다니, 쯧 쯧 쯧. 안 봐도 다 안다. 밖에서 그른 손을 쓰니까 여태 숟가락질 하나 제대로 못하는 것 아니냐! 낼이면 학교 갈 놈이."

주인님은 숨소리조차 제대로 내쉬지 못하고 있다가, 그만 '왕' 하고 울어버렸다. 그 뒤부터 주인님의 나를 대하는 태도는 확연히 달라졌다. 나에게 연필을 쥐어주다가도 언뜻 무언가를 생각하고는 얼른 오른손으로 연필을 옮겨 잡게 하였다.

그때부터 오른손은 주인님 생각에 앞 선 일까지 해나갔다. 숟가락질과 젓가락질은 물론, 글씨를 쓰다가도 잡고 있던 연필을 내려놓고 지우개를 집는 일까지 오른손이 하였다.

내가 할 수 있는 일이란 겨우 공책에 널려져 있는 지우개똥을 밀치는 정도였다. 이를 본 어른들은 간간히 칭찬을 하였다.

한번은 오른손이 날이 시퍼렇게 선 칼을 들고서 이렇게 말하였다.

"이거 봐, 앞에 있는 연필을 잡아."

나는 어안이 벙벙했다. 왜냐하면 오른손이 칼까지 잡고서 내게 쌀

쌀맞게 말하기는 이번이 처음이었기 때문이었다.

칼까지 잡고 설치는 오른손은 그야말로 안하무인격이었다.

"오른손, 그, 그건 위험한데, 제발 그만 둬!"

"걱정 마. 내 다 알아서 할 테니, 얼른 잡기나 해."

내가 계속 망설이자 주인님까지 퉁명스럽게 잡으라고 말하는 게 아닌가. 이때, 그 동안 서러웠던 감정이 그만 폭발하고야 말았다. 때문에 나는 연필을 너무도, 너무나도 꽉 잡아버렸던 것이다. 시퍼런 칼날이 내 손가락 하나를 쑥 베고 지나갈 때까지 그렇게 난 잡고 있었다. 그땐 정말 끔찍했다.

또 한번은 오른손이 사탕을 들고 있었기 때문에 가위바위보에서 내가 선수로 대신 나서야 했다. 가위바위보 한 판을 패했더니, 주인님은 오른손이 들고 있던 사탕을 입에 물게 하더니만 선수를 오른손으로 교체해버렸다.

그 어느 것도 할 수 없게 돼버린 나는 상급 학년 아이들의 피리 부는 음악 시간을 엿보게 되었다. 이때 피리 소리를 제대로 내기 위해서는 반드시 내가 필요하다는 것을 알게 되었다. 그러나 피리는 3학년이 돼서야 불 수 있었다.

드디어, 기다리고 기다리던 피리 부는 3학년이 되었다.

"자, 왼손 엄지손가락으로 피리 뒤쪽 구멍을 막고 나머지 왼 손가락으로는 상단 구멍을, 그리고 오른손 손가락으로는 하단 구멍을 막아. 자, 가만히 불어보세요."

선생님의 주문에 따라 손가락을 요리저리 갖다 댔더니, 가느다란 피리 소리가 흘러나왔다. 구멍에서 손가락 하나씩을 떼었더니 가느다란 소리는 제각기 아름다운 하모니를 이루었다.

그런데 문제가 생겼다. 오른손이 왼손과 함께 하는 게 싫다며 그만 손가락을 피리 구멍에서 떼버린 것이다. 피리는 괴상한 소리를 내면서, 그날 음악 수업을 엉망으로 만들었다.

내가 주인님을 위해 할 수 있는 유일한 일이 있긴 있었다. 모두가 잠들어 있는 밤에, 그것도 주인님까지 잠이 든 밤중에 할 수 있는 일이었다. 주인님이 잠든 사이에 나는 살포시 주인님 가슴 위에 엎드려 있었다.

물론, 그것도 오른손이 하던 일이었지만, 그러나 주인님이 깊은 잠에 빠져버리면 오른손 역시도 따라서 잠들어버렸다. 언제부터인지는 정확하지 않지만, 나는 오른손을 대신해서 잠든 주인님을 지켜드렸다. 이것이야말로 내가 할 수 있는 유일한 일이었다.

어느 날, 주인님은 다른 날보다 심하게 뛰노는 바람에 곤한 잠에 빠졌다. 그러던 새벽녘. 주인님의 심장이 다른 날보다 유난히 빠르게 뛴다는 것을 알 수 있었다.

"주인님, 어디가 아프세요?"

걱정이 돼 묻고 있는데, 오른손이 부스스 일어났다. 오른손은 주저 없이 주인님 이마로 갔다.

"아함, 졸려. 주인님 이마에 열도 많지 않은데…."

"그렇지 않아. 난 너보다 많은 일을 배우거나 하지는 못하지만 감각만큼은 자신이 있어. 네가 가지지 못한 그런 특별한 감각 말이야. 틀림 없어. 주인님은 지금 아파하고 있는 거야."

주인님은 다시금 깊은 잠에 빠져버렸다. 오른손과 함께. 나는 근심스러워, 주인님의 가슴 위에 더욱 더 납작하게 엎드려 있었다.

"얘야, 일어나거라. 학교 늦겠다."

나 역시도 잠시잠깐 잠이 들었던 모양이다. 밖에서 일어나라는 소리에 나는 주인님을 깨웠다. 아무리 흔들어도 가느다란 신음 소리 뿐, 주인님은 눈을 뜨지 않았다.

갑작스레 집안에서는 작은 소란이 일었다. 어른들의 손이 한 번씩은 주인님의 이마에 갖다 댔다.

"이 열 좀 봐요, 감기 몸살인가봐요. 어서 병원엘 데리고 가봐야겠어요."

놀란 어른들의 이마에다 갖다 댄 손 역시 오른손이었다. 흰 가운의 의사와 간호사는 느린 동작으로 주인님의 윗도리를 걷어 올렸다. 등에서부터 청진기를 서서히 갖다 댔다. 갖다 댄 손 역시 오른손, 주사기를 쥐고서 주사하는 간호사의 손 역시 오른손이었다.

주인님에게 드디어 자전거가 돌아왔다. 주인님 형이 타던 자전거였는데, 형이 새 것을 샀기 때문에 물려받은 자전거였다. 주인님은 태어나서 최고로 기쁜 양, 좋아 어쩔 줄을 몰라 했다.

주인님은 오른쪽에 서서 자전거를 타려고 하였다. 그러나 자전거는 왼쪽에서만 탈 수 있도록 만들어져 있었다. 어른들은 이때만큼은 왼쪽에서 자전거에 올라타도록 허락하였다.

주인님은 브레이크 잡는 법을 모르고서 자전거에 올라탔다. 자전거는 언덕배기를 쏜살처럼 내려갔다.

이때 뒤에서 어른들의 당황스런 목소리가 들려왔다.

"그른 쪽 브레이크를 잡아라. 그른 쪽!"

순식간에 일어난 일이라, 주인님은 어른들의 요구에도 불구하고 그만 오른손에게 브레이크를 잡도록 하였던 것이다. 오른쪽 핸들에 달린 브레이크는 순간 앞바퀴를 제동하였다. 오른쪽 브레이크를 갑작스럽게 잡았을 경우에는 자전거가 앞으로 쏠리면서 고꾸라질 위험이 있다는 것을 주인님은 알지 못하였다.

아니나 다를까, 주인님과 함께 자전거는 앞으로 고꾸라지고 말았다. 눈 깜짝할 사이에 일어난 일이었다. 순간, 난 고꾸라지는 주인님 앞쪽으로 힘차게 내뻗었다. 정신을 차렸을 때에는 이미 내 손에 하얀 붕대가 감겨져 있었다. 주인님의 얼굴에는 눈물 자국이 여러 군데 남아 있었다.

자전거 타기에 익숙해진 주인님은 그때서야 나를 의식하기 시작하였다. 자전거 타는 내내 오른손의 자존심은 무척이나 상해 있었다. 그러나 자전거 타는 것 외의 모든 일들은 아직도 오른손 차지였다.

전화 받는 것, 권투 시합 도중 결정적인 펀치를 날리는 것, 야구 시합에서의 방망이를 잡거나 공을 던지는 것, 장난감 권총을 잡는 것, 가위질하는 것, 거수 경례 하는 것, 심지어 누굴 향해 손을 흔드는 것까지 오른손의 차지였다.

어찌 보면, 나는 오른손이 있기에 달려 있는 하나의 장식품일지도 모른다. 왼쪽 눈이나 왼쪽 귀, 그리고 왼발은 나와는 전혀 다른 어떤 역할을 해내고 있었다. 사실이 그랬다. 오른쪽 눈 하나보다는 양쪽 눈으로 보아야 더 잘 보일 것이고, 한쪽 귀보다는 두 귀 모두를 쫑긋거려야 더 잘 들을 수 있을 것이다.

외발보다는 양 발로 뛰어야 더 잘 달릴 수 있듯이. 그런데 나 이 왼손은 어떤 뚜렷한 역할을 할 수 있는 그런 존재가 아니었다. 그래서 난 더욱 서글펐다.

나는 멍하니 있을 때가 많았다.

주인님의 지시가 있은 한참 후에야 반응을 나타낸다든지 하는 것 등은 나의 순발력이 형편없이 떨어지고 있다는 증거였다. 문제는 그때부터였다. 극에 달한 오른손의 오만과 주인님의 편견이 만들어 낸 문제이기도 하였다.

주인님이 탄 자전거가 갑자기 내리막길에서 그만 곤두박질치고 말았을 때의 일이다. 주인님은 나에게 재빨리 브레이크를 잡도록 하였으나, 나는 그만 멍하니 있다가 브레이크 잡는 시기를 놓치고 말았다. 그런데다 앞으로 고꾸라지는 주인님을 위해 손을 재빨리 뻗쳐드릴 수도 없었다. 이상하게도 순간 동작이 잘 이루어지지 않았다. 이때 나를 보며 악을 쓰던 오른손이 막바지에 이르러서야 앞으로 내밀었던 것이다.

오른쪽에서 딱 하는 둔탁한 소리가 났다.

"아이고, 아이고, 나 죽어!"

비명은 주인님의 입에서 터져 나왔다. 오른손 뼈가 부러진 것이다.

딱딱한 석고가 오른손을 덮고 하얀 붕대가 석고를 싼 손을 감쌌다. 한동안 오른손은 주인님의 목에 걸려 있었다. 얼마나 아팠던지 신음

소리조차 내지 못하던 오른손.

나는 큰 죄라도 지은 것처럼 안절부절 못 하고 있을 무렵, 주인님은 또다시 심한 열을 내며 아프기 시작했다.

주인님은 꼬박 이틀을 앓아누웠다. 주인님이 회복되자 나는 은근히 기다려지는 게 많았다. 당장 다음 날 아침이 궁금하였다.

칫솔질은 어떡하나? 어른들 앞에서 숟가락질은 또 어떡하고? 역시, 칫솔 앞에 선 주인님은 한동안 뭘 어떻게 해야 할지를 몰라 허둥댔다. 밥상 앞에서는 더욱 더 허둥거렸다. 주인님은 죽 둘러앉은 어른들의 눈치를 살피느라, 밥술을 뜨지 못하였다.

"헛헛, 녀석! 당분간은 그른 손으로 먹어야겠구나."

이렇게 말하는 할아버지의 이중성과 편견이 얄밉기만 하였다. 그때 나는 숟가락을 아예 들지 않겠노라고 다짐하기도 하였다. 그러나 나에게는 주인님께 봉사하라는 힘만이 주어졌을 뿐이다.

매우 서툴렀지만, 숟가락질과 젓가락질 뿐만 아니라 오른손이 하던 대부분의 일을 당분간 나는 도맡지 않으면 안 되었다. 그러는 동안에 오른손은 점차 회복되었다.

오른손은 나에 대한 분한 감정을 삭이지 못하는 듯 했다. 자기를 골탕 먹이기 위해 일부러 브레이크를 잡지 않았다고, 오해를 하는 것 같았다. 그러나 오른손의 나에 대한 오해나 격한 감정보다 더 두려운 게 있었다. 그것은 얼마 후면 바뀌게 될 집안 어른들의 태도였다.

집안 어른들의 바뀌게 될 태도에 대한 우려에도 불구하고, 오른손의 부상은 오른손과의 많은 오해와 격해진 감정을 푼 계기가 되었다.

하루는 오른손이 무척 가려웠던 모양이었다. 난 주인님의 지시에 앞서서 오른손의 가려운 부위를 살포시 만져주었다. 가려운 부위를 만져주자 오른손은 빙긋이 웃어보였다. 오른손과 이렇게 웃어 본 건 처음이었다.

헤헤헤. 오른손의 오해가 어느 정도 풀렸을 때 붕대도 풀렸다.

돌처럼 굳은 석고를 떼어내야 하는 날이 돌아왔다. 그런데 약간 놀라운 일 하나가 발생하였다. 병원의 병실에 들어 선 사람은 머리가 노랗고 흰 피부를 가진 서양 사람이었다. 미소가 넘쳤고, 우리말도 곧잘 하는 친절한 의사였다. 주인님은 일단 안심하는 표정이었다. 따라 들어온 할아버지의 표정도 주인님과 마찬가지였다.

우리를 더욱 놀라게 한 일이 석고실에서 일어났다. 친절이 넘치던 노랑머리 의사의 왼손에는 정이 아닌 망치가 쥐어져 있었기 때문이다. 오른손이 들고 있어야 할 망치를 거꾸로 왼손이 쥐고, 오른손이 정을 쥐고 있었으니 말이다.

소스라치게 놀란 것은 오른손이나 주인님만이 아닌, 바로 할아버지였다. 안경 너머로 눈살을 한껏 찌푸리던 할아버지는 뭔가를 항의하려는 듯 입술을 조금씩 들먹였다. 이렇게 생각하면서 말이다.

'아니, 저런! 저, 저, 저런 경우를 봤나! 그른 손으로 어쩔텐가? 누굴 잡을 텐가? 으흠, 흠….'

망치가 다가오자 오른손은 빠져나오려고 안달이었다. 난 그럴 때마다 오른손을 꼬옥 감싸 안았다.

조금만 참아. 잘 될 거야, 하면서 말이다.

이때 주인님의 눈에는 눈물이 그렁그렁하였다. 자꾸 할아버지를 바라보면서. 별 도리가 없다는 듯 옆으로 고개를 돌리고 마는 할아버지였다.

탁, 탁, 탁! 왼손에 쥔 망치가 정을 향해 내리쳤다.

아얏, 아야얏! 망치에 정 맞는 소리와 주인님의 비명은 한 동안 계속되었다.

망치질은 한 치도 빗나가지 않았다. 얼마 뒤부터 주인님의 비명 소리는 더 이상 나오지 않았다.

탁, 탁, 탁!

코큰이

제44대 미국 대통령으로 당선된 버락 오바마의 학력이 우리 언론에 소개되었다. 소개된 오바마의 학력은 미국 동부의 명문 컬럼비아대학교와 하바드대학교 로스쿨 졸업이라는 내용이 주를 이루었다.

고등학교를 졸업한 직후에 진학했던 옥시덴탈칼리지를 소개한 언론은 그리 많지 않았다. 아이들은 버락 오바마의 학력 가운데 옥시덴탈칼리지는 옥에 티라며, 아쉬워하였다.

학력 지상주의에 가까운 우리식 사고로는 옥시덴탈칼리지는 오바마에게 옥의 티가 될 수도 있겠다 싶었다. 하지만 미국 사회와 버락 오바마는 분명 우리와는 다른 생각을 하였을 것이다. 또한, 옥시덴탈칼리지는 낯선 이름과는 달리 미국 서부에 있는 꽤 이름 있는 대학이었다.

나의 주된 관심은 학력 지상주의가 아닌 '옥시덴탈' 이라는 단어였다. 동양에 대한 서양의 우월주의를 오리엔탈리즘이라고 한다면 옥시덴탈리즘은 그 반대에 서 있다. 즉 서양에 대한 동양의 열등 의식이라고나 할까.

얼마 전에 세계 최고의 백과사전인 「브리태니커 백과사전」이 만들어지게 된 배경을 아이들과 함께 얘기할 기회가 있었다. 18세기 스코틀랜드 계몽주의자들에 의해 만들어진 「브리태니커 백과사전」의 동양에 관한 내용은 매우 빈약하고 제한적이었다.

그러함에도 그들 스스로는 동양을 잘 아는 오리엔탈리스트라고 자처했던 것이다. 18세기 오리엔탈리스트들은 동양을 해석할 때 '지체'와 '진보의 부재'를 더 많이 얘기하였다. 이 같은 사유는 사회진화론에 영향을 끼쳤다.

사회진화론자들은 동양 등 유색 인종의 사회를 미개한 사회로 치부하였다. 미개한 사회는 문명화된 서구의 일정한 지도를 받아야 한다는 식민주의 탄생의 기반이 되었던 것이다.

버락 오마바가 한때 공부했다는 옥시덴탈칼리지를 생각하면서, 제국주의와 식민주의에 관한 우화를 한편 만들어보았다.

배부른 그들의 입가에 끈끈한 침이 실처럼 흘러내렸다. 움직거리지도 않았고 그렇다고 뭘 생각하는 것도 아니었다. 졸리면 아무데서나 널부러져 잤고, 그렇지 않으면 짐승들처럼 어슬렁거리다가 맹수가 뜯다 만 것들로 배를 채우기에 바빴다.

배가 부르면 먹이를 삼킨 구렁이처럼 옴짝달싹도 하지 않는, 그런 무미건조한 생활이 계속되었다. 그들은 왜 이렇게 돼버렸는가. 지금부터 하는 이야기는 바로 그들에 관한 이야기이다.

그들은 섬의 북쪽 메마른 분지에 사는 코큰이들이다. 코큰이들은 대체로 코가 길고 흰 얼굴에 머리가 노랬다. 그 차이는 있을지언정, 어느 누가 보더라도 모두가 똑같다고 생각했을 것이다. 만약에 머리가 노랗지 않거나 얼굴이 희지 않거나, 또는 코가 짧은 그 누군가가 있더라면 그 누군가는 그곳을 곧바로 떠나야만 했다.

게으른 코큰이들의 일상은 시기와 질투와 욕심이 지나쳐서, 서로 욕하고 싸우는 일들 뿐이었다. 코큰이들은 자신들과 다른 어떤 모습을 한 이가 있다면 곧바로 공격하는 맹수와도 같은 본능을 지니고 있었다. 자기들보다 지혜롭다거나 머리가 좋은 이들까지 공격하였다. 무리의 족장도 수시로 교체되었다. 그들의 욕심을 충족시켜주지 못하는 족장이라면, 족장은 언제든 갈아치웠다.

섬의 북쪽 분지에서 존재하려면 일단은 게을러야 했고, 우둔해야 했다. 물론, 코가 길어야 했고 머리는 노랗고 피부는 희어야 했다.

노동이 없는 그들에게 닥친 것은 배고픔이었다. 가뭄으로 물이 고갈되고 나무는 메말랐다. 이대로 있다간 입 속에 한 알의 곡식을 넣기도 쉽지 않을 상황이었다. 반면에 섬의 남쪽 계곡은 북쪽과는 비교가 안 될 만큼 풍요로웠다. 물이 넘쳤고, 향기로운 열매와 부드러운 곡식도 풍성했다. 또한 고기와 생선도 지천에 널려 있었다.

코큰이 부족은 풍요로운 남쪽 계곡을 호시탐탐 노렸다. 남쪽 계곡의 부족은 머리가 검은 곱슬이었다. 피부 또한 검기에 검은이 부족으로 통했다.

코큰이들은 검은이들을 온순한 초식동물 쯤으로 여겼다. 더욱이 남쪽 계곡의 풍요로움은 당연히 코큰이 자신들이 누려야 할 것이라고 생각하였던 것이다.

코큰이들은 검은이들의 크고 맑은 눈을 보지 못했다. 어쩌면 크고 맑은 눈을 일부러 부정하는 지도 모를 일이었다. 코큰이들은 갈색이 아닌 그 어떤 눈도 인정하지 않았다.

검은이들은 온순했고, 영양처럼 가느다란 다리를 가졌다.

하루는 코큰이 족장이 동쪽 들판의 누런이 부족을 찾았다.

"저 남쪽의 풍요로움을 그대로 놔둘 건가"

"놔두지 않는다면?"

"지금 누런이 부족만 해도 그래. 가뭄으로 곡식 한 알 구경이나 할 수 있겠나! 이대로 가다가는 우린 물론 누런이 부족도 온전치 못할 걸세."

코큰이 족장의 이 말은 사실이었다. 동쪽 들판에도 긴 가뭄으로 사냥할 초식동물 한 마리 보기 힘들 지경이었다. 이대로 가다가는 부족장 자리까지 내놔야 할 판이었다. 누런이 족장은 코큰이 족장의 제안대로, 남쪽 계곡으로 들어갔다.

남쪽 계곡으로 들어간 코큰이 부족은 닥치는 대로 약탈하였다. 코큰이 부족들과는 달리 누런이 부족들은 필요한 식량만 이고 지고 계곡을 빠져 나왔다. 그런데 일하기 싫어하는 코큰이 부족은 식량을 이고 지게 한 검은이들은 북쪽 분지로 끌고 갔다.

이때부터 검은이들은 코큰이들의 노예가 되었다. 검은이들이 반항을 하면 이구아나 가죽으로 만든 채찍으로 다스렸다. 그래도 반항을 하면 날카로운 나무 끝으로 검은이들을 제압하였다. 검은이들이 날카로운 나무를 빼앗아 대들자 코큰이들은 날카로운 돌로 창과 칼을 만들기 시작했다.

시간이 꽤 흘렀다. 검은이들이 일을 해주는 덕에 코큰이 부족은 잠시 동안 번성하는 듯하였다. 그러나 번성한 만큼의 식량은 모자랄 수밖에 없었다. 일부 코큰이들은 검은이들을 분지에서 영원히 사라지게 해야 한다고 주장하였다. 검은이들에게 들어가는 식량을 아끼기 위해서였다.

시간은 꽤 흘렀고, 검은이들은 섬에서 완전히 사라졌다. 섬의 북쪽 분지에는 오로지 노랑머리에 코가 큰 족속들만이 남게 되었다.

검은이들이 없는 곳에 또다시 굶주림이 찾아왔다. 여론은 들끓었다. 이런 상태로 가다가는 어느 누구 하나 살아남을 자 없다는 것이었다.

"맞다. 동쪽의 누런이 마을로 들어가자."

"그러자."

드디어, 잘 갈아놓은 창과 칼을 들고서 동쪽 들판을 향해 돌진했다. 오래지 않아, 섬에서는 누런이들의 모습도 보이지 않게 되었다. 섬은 온통 코큰이들 뿐이었다.

시간이 흐르고, 또 흘렀다. 모든 게 코큰이들의 뜻대로 이루어졌다. 다시는 그 어떤 문제도 없을 거라고 코큰이들은 생각하였다. 어쩌면 코큰이들의 뇌 속에는 과거의 기억 따윈 지워져버렸는 지도 모를 일이었다. 그런데 문제는 또 다시 불거졌다.

코큰이들 가운데에는 금발머리가 많았다. 금발들은 자신들의 머리에 비해 그 아름다움과 순수성이 뒤진다는 이유 하나만으로 단순 노랑머리들을 제거하였다. 단순 노랑머리들이 사라졌다. 금발들 가운데서도 코가 짧은 이들이 사라졌고, 키가 너무 커도 사라져갔다. 왜냐하면 섬에는 작은이들이 더 많았기 때문이다.

섬에서 살아 남은 자는 그야말로 욕심과 이기심으로 가득한 유전자들이었다. 그들은 하나같이 게을렀고 탐욕스러웠다.

더 많은 시간이 흘러, 섬에는 아주 작은 이들만이 살게 되었다. 긴 코와 하얀 피부, 그리고 하나같은 금발들 뿐이었다. 좀 더 자세히 들여다보면, 섬 안의 이들은 생각 자체가 아예 없었다.

코큰이들은 때를 가리지 않고 아무데서나 널브러져 잤고, 먹을 것이 있으면 허겁지겁 입 안으로 밀어 넣고서는 다시금 쓰러져 잤다. 맹수가 달려들어도 놀라거나 도망가지 않았고, 눈비가 내려도 꿈쩍도 하지 않았다. 그러면서 시간을 두고 하나 둘씩 섬에서 사라져갔다.

꽃

일제의 식민주의 교육은 동화와 차별의 두 원칙에 기초하여 한국인을 일본인화 하고 우민화를 꾀하였다. 나아가 민족 교육을 원천적으로 봉쇄하였다.

어느 날, 인터넷을 통해 일제 강점기의 신문 자료를 접하다가 「중외신문」(1929년 7월 7일)의, 〈소학교 교장이 꽃 한송이 꺾은 것이 죄가 되어 세 시간 동안이나 매달고 구타해 피해 소녀는 실신 상태〉라는 제하의 신문 기사를 읽게 되었다.

아무리 야만의 시대라고는 하지만 꽃을 꺾었다는 이유로 어린 소녀를 세 시간 동안이나 매달고 구타하다니, 소름이 쫙 끼쳤다. 기사를 본 순간 나는 또 한 편의 슬픈 이야기를 만들지 않으면 안 되었다.

엄마는 오래 전부터 외할머니의 작은 일기장을 가슴에다 묻고 살다시피 하셨다. 그러던 어느 날, 컴퓨터 앞에 앉아 있는 오빠에게 새삼스런 부탁 하나를 하였다.

"애야, 인터넷으로도 오래된 신문을 찾건냐?"

"글쎄요, 국사 시간에 가끔은 오래된 신문을 다운 받아서 수업을 해요."

"글먼, 여기에 나와 있는 신문 기사를 찾을 수 있건냐?"

엄마는 빛바랜 공책에 쓰여 있는 「중외신문」 이라는 제호를 가리키셨다. 빛바랜 공책은 일기장이었다.

"어렵지 않을 거여요. 해볼게요."

일기장을 받아든 오빠는 인터넷 사이트 이곳 저곳을 뒤지기 시작하였다. 그러나 기사 찾기가 생각보다 쉽지 않았다.

"엄마, 안 되겠어요. 내일 국사선생님께 여쭐래요."

"그래라."

오빠는 일기장에 쓰여 있는 몇 가지를 메모해뒀다.

다음 날, 오빠는 엄마가 부탁했던 그 신문을 찾아내었다.

http://kh2.koreanhistory.or.kr/
☞ 한국근현대신문자료 상세검색/ 소학교

엄마는 컴퓨터 모니터에 확대돼 나타나는 신문 여기 저기를 살피시더니,

소학교 교장이
꽃 한송이 꺾은 것이 죄가 되어 세 시간 동안이나 매달고 구타해
피해 소녀는 실신 상태

라는 제목 앞에 커서를 갖다 놓았다. 그리고 클릭하였다.

'전북 전주군 삼례에 사는 옥성례의 장녀는 금년에 열 살이 되는 어린아이인데, 지난 6월 30일에 동지소학교 정원에서 놀면서 무의식으로 꽃 한송이를 꺾다가 소학교 교장 마루치에게 발각되었다.

마루치는 분한 마음을 참지 못하여 이 어린아이를 포박하고 오래 동안 교실에 감금하였으므로, 공포를 느낀 어린아이는 한동안 정신을 잃게 되는 세상에 둘도 없는 기괴한 사건이 발생하였다.

교장이 어린아이를 교실에 감금하였다는 소식을 들은 그 이 어머니가 즉시 학교에 달려가 보니, 벌써 자기 따님은 포박되어 책상다리에 매여 실신 상태에 있었다. 그 이 어머니는 너무 놀래 무조건 돌려 보내달라고 애원하였으나 교장은 순사를 데리고 오라 하며, 다시 헛소리를 하는 아이의 허리를 구타할 뿐이다.

그 이 어머니는 어찌할 줄을 모르다가 필경 세 시간이 가까이 된 후에야 겨우 순사의 힘을 빌어 집으로 데리고 갔으나, 그 후로는 밥도 잘 먹지 못하고 실신한 병자같이 되었다는데, 사회 일반은 적어도 수많은 어린이를 교양하는 교육자, 더욱이 교장인 자가 천진한 어린이에게 이러한 폭행을 함은 조선인 전체를 무시함이 아닌가 하여 분개함을 참지 못한다더라.(전주통신)'

화면에 떠 있는 위의 기사를 꼼꼼히 읽으시던 엄마의 등이 잔잔하게 떨렸다. 흐느끼는 엄마의 손에는 오래되어 낡은, 외할머니의 빛바랜 일기장이 들려져 있었다. 우리는 엄마의 흐느끼는 까닭을 몰랐다. 외할머니의 일기장을 읽기 전까지는 말이다.

오빠와 함께 그 일기장을 읽다가 그만 왈칵 눈물을 쏟고야 말았다.

일기장에 나오는 이름 '옥천' 은 외할머니의 언니, 그러니까 엄마의 이모 되는 분이었다.

하늘처럼 맑은 눈을 가진 '옥천' 은 꽃을 누구보다도 좋아했다.

봄이 되어 만발하는 수많은 꽃 이름을 죽 외는 아이는 근동에서 천이 뿐이었다. 천이가 꽃에 관심을 갖게 된 건 아빠로부터였다. 천이의 아빠는 우리꽃을 남다르게 사랑하신 분이었다. 마당과 뒤뜰에 피어난 수많은 우리꽃도 모두 천이 아빠가 가꾼 것들이었다.

이른 봄부터 천이네 집은 매화향으로 가득 찼다. 뒤뜰 장독대에는 노랑 산수유꽃이, 앞뜰에는 붉은 매화꽃이 수를 놓고 있었다. 금세 기와지붕 위로 복숭아꽃 살구꽃이 어우러져, 천이네 집은 그야말로 꽃대궐이었다. 천이네 집이 꽃대궐이 될 즈음, 마을은 꽃천지였다.

진달래꽃밭인 남산은 아이들의 놀이터였다. 아이들은 둘 셋씩 짝을 지어 진달래가 피어 있는 남산에 올랐다. 아이들을 맞아주는 건 진달래만이 아니었다. 자주빛 작은 골무꽃이나 각시붓꽃, 더 작은 하양 개별꽃들도 아이들을 반겨마지 않았다.

놀다가 허기진 아이들은 진달래꽃을 입안에 넣어 우물거리기도, 꿀풀꽃잎을 입술에 대고 빨기도 하였다. 아이들의 입 안은 늘 꽃향기로 가득하였다.

봄비가 두어 차례 지나간 굴참나무 숲에서는 산비둘기 울음소리가 들렸다. 이 즈음, 봄꽃은 사라지고 여름꽃이 피어났다.

여름철 우물가에 꽃창포가 빨간 자주빛 자태를 드러냈다. 빨강 꽃잎에 군데군데 박혀 있는 쥐눈이콩알만한 먹점 때문에 웃음이 터져 나오는 참나리꽃도 우물가에 함초롬히 서 있었다.

남산으로 오르는 길섶은 자주빛 싸리꽃 향기로 가득했다. 산대밭에는 싸리꽃 못지않은 자주빛 칡꽃 향기가 아이들의 가슴을 벅차게 했다. 바람에 대밭이 소리를 내면 산꿩이 푸드득 하니 날아 올랐다. 산꿩의 나는 소리에 모두는 화들짝 놀랐다.

자주빛 달개비꽃이 불타오르고 무리 진 여뀌풀꽃이 소금별처럼 피어날 때면 가을이 시작되었다. 천이는 동무들에게 들려줄 꽃이야기를 준비하였다.

'오늘은 어떤 얘기를 해주지? 옳지, 가을꽃이야기를 해주면 되겠네. 연분홍빛 꽃이 어우러져 작은 송이를 만드는 고마리가 요 앞 봇도랑가에 널려져 있는데, 소몰이 동무들이 싫어한다네. 고마리가 들어가면 쇠죽이 너무 묽어진대나.'

천이의 꽃이야기는 끝이 없어 보였다.

"가을산에 피는 꽃 가운데 향기가 가장 진한 게 노란 산국이야. 머리가 아플 지경이거든. 자줏빛 쑥부쟁이나 연보랏빛 구절초도 그 향기는 산국만 못 해. 산 너머 절간 해우소 옆 빨강 꽃이 석산이야. 상사화라고도 하는디, 이 꽃에 얽힌 재미난 얘기가 있어. 옛날, 너머 절에 계신 한 젊은 스님이 기도하러 온 아씨보살을 깊이깊이 사모하였대. 그런데 공부하는 스님이라 마음속으로만 사모하였다나 봐. 기도를 마친 아씨보살이 절을 떠나자 젊은 스님은 그만 끙끙 앓다가 세상을 뜨고 말았는데, 글쎄 스님이 묻힌 그 자리에는 해마다 빨강 꽃이 핀다잖아. 그런데 그 빨강 꽃은 아씨보살과 스님처럼 잎이 있음 꽃이 나오지 않다가도 꽃이 나오면 잎이 져버린다네. 그래서 스님의 반쪽 사랑 같다는 이 꽃을 사람들은 상사화라 부른다네."

꽃이야기를 듣기 위해 귀를 쫑긋거리는 아이들 속에는 어린 '옥지'도 있었다. 지는 누구보다도 천이 언니의 꽃이야기를 좋아했다.

옥지. 옥천의 동생이자 엄마의 어머니, 그러니까 우리의 외할머니였다.

천이는 틈만 나면 동생 지를 데리고 들로 산으로 꽃구경을 하였다.

"지야, 이리 좀 와봐라. 노랑 꽃따지다아."

"와, 이쁘네!"

"저거도 좀 봐라이. 연보라빛!"

"와, 넘 이쁘다아. 언니야, 저 꽃이름이 뭐시랑가?"

"쉬잇, 그건 참꽃마리야."

천이는 옆의 꽃들이 들을까봐서 속삭이듯 얘기를 하였다. 지는 꽃이름을 줄줄줄 외는 언니가 무척이나 부러웠다. 오늘도 지를 비롯한 마을의 아이들은 천이의 꽃이야기에 푹 빠져 있었다.

"이건 광대나물인데, 주로 밭가에서 붉은 자줏빛 꽃을 피운다아. 자, 봐라이, 제비꽃보다도 훨씬 작지. 너무나 작아 코딱지나물이라고도 해."

아이들은 콧구멍을 후비는 시늉을 하면서 재미나게 웃었다.

천이는 꽃나무의 쓰임새에 대해서도 곧잘 얘기하였다.

"저어기 저건 배꽃처럼 하얀 꽃을 피우는 때죽나무라는 거야. 잎과 줄기를 돌로 찧어서 물에 풀며는 물고기가 떼죽음을 당한다고 해서 떼죽나무래. 어른들이 물고기 서리할 때 쓰는 거라네."

천이의 꽃에 대한 해박함은 아이들의 입을 떡 벌어지게 하였다.

지가 일곱 살 때 천이 나이 열 살이었다. 천이는 훈장인 아빠의 서당에서 천자문과 아햇글(한글)을 익히다가 소학교라 불리는 보통학교를 다니게 되었다. 서당에서 아이들을 가르치는 걸 못마땅해 하는 관서에서 10세가 넘는 아이들을 무조건 보통학교에 입학시키라는 통지서를 보내왔기 때문이다. 당시에는 보통학교를 소학교라 부르기도 했다.

소학교에서의 생활은 노동과 학업의 병행이었다. 학업이랬자 기껏 충량한 신민(臣民), 즉 일본 국왕의 노예를 만드는 교육이었다. 까까머리의 남자 아이들은 자기 키보다 큰 지게를 지고서 고된 노동을 하는 날이 많았다. 단발머리 여자 아이들은 교사를 청소하거나 정원 가꾸는 일을 주로 하였다. 아이들이 조금이라도 게으름을 피울 것 같으면, 일본인 교장의 절도 있는 고함이 아이들의 뇌리를 후려쳤다.

천이는 '국어' 라고 하는 일본어를 배웠고, 시험도 자주 치뤘다. 일본어 성적이 오르지 않을 때는 매를 맞기도 했다. 이처럼 무서운 학교에서도 천이의 꽃이야기는 계속되었다.

아이들은 하교 때가 되면 천이를 손꼽아 기다렸다. 이런 천이를 교장은 불쾌하게 여겼다. 왜냐하면, 일본어 공부를 소홀히 한 채 천이를 기다리는 아이들이 적지 않았기 때문이다.

어느 날, 교장 관사 옆 차밭에서 한 무리의 아이들이 얼굴을 맞댄 채 쪼그리고 앉아 있었다. 아이들 속에는 어김없이 천이가 있었다.

"차꽃은 늦가을에 피는데, 하양 꽃잎 속 노랑 술에서 나는 은은한 향기를 우리 아빤 제일 좋아하셔. 겨울을 앞두고 집 잃은 나비나 벌이 여기서 쉬면서 꿀을 빨기도 한대. 우리 아빠가 그러는디, 조선 사람들처럼 오갈 데가 없는 이들을 포근하게 감싸주는 아주 고마운 꽃이라네."

마침 관사에 머물던 교장 마루치의 귀에 천이의 차꽃 이야기가 흘러 들어갔다. 순간 마루치의 얼굴이 일그러졌다.

'조센징!'

쉬는 시간이면 천이는 학교 앞마당의 작은 정원을 곧잘 찾았다. 정원에는 아이들이 옮겨다 심은 많은 우리꽃이 있었다. 도라지꽃, 메꽃, 동자꽃. 그 중에는 천이가 심은 노랑 금난초와 하양 산딸나무도 있었다.

어느 날, 교장 마루치는 매화나무와 동백나무를 뺀 나머지를 모두 뽑아버렸다. 이어, 가지만 무성한 작은 벚나무들을 정원 여기저기에다 촘촘히 심어버렸다.

화사한 봄꽃이 거의 진 어느 6월.

꽃이 있으면 어디든 찾아가는 천이었다. 그 날도 천이는 어김없이 학교 정원을 찾았다. 나뭇가지 사이로 자잘한 별노랑이꽃들이 황폐해진 정원을 환하게 밝혔다. 이른 씀바귀꽃도 듬성듬성하니 피어났다.

자잘한 꽃 하나라도 놓치지 않으려고 보고 또 보던 천이의 눈에 갸름한 한 송이 꽃이 들어왔다. 이름을 알 수 없는, 천이도 처음 보는 빨강빛깔의 가녀린 꽃 한 송이가 벚나무 아래에 피어 있었다. 곧게 벋은 꽃대에 달랑거리듯 피어 있는 빨강 꽃은 분명 우리꽃이 아니었다.

휘둥그레 눈을 뜬 천이가 넘은 곳은 정원 울타리. 가까이에서 보니, 그 빨강 꽃은 이미 시들해가고 있었다. 무성한 벚나무 가지가 그늘을 짙게 만든 탓이었다. 천이는 그늘을 만든 벚나무 가지 몇 개를 살짝 들어올렸다. 뚝! 그 중 한 가지가 부러지면서 빨강빛깔의 알 수 없는 그 꽃은 맥없이 떨어져버렸다.

"조센징!"

창에서 이를 지켜보던 마루치는 조센징을 외치며 달려 나왔다. 그의 큰 손에는 긴 매가 들려져 있었다.

"영악스런 계집 같으니!"

마루치는 천이를 강당인 메이지관의 책상다리에다 묶었다. 그리고 학도라 불리는 아이들을 천이가 묶인 메이지관으로 불러 모았다.

마루치의 긴 매가 하양 저고리에 싸인 천이의 가냘픈 등을 내리쳤다. 겁에 질려 바들바들 떨고 있는 천이의 입에서 날카로운 비명이 새나왔다.

영문도 모르는 천이의 얼굴은 순식간에 눈물범벅이 되었다.

마루치의 매질은 전 학도가 보는 앞에서 계속되었다. 매질을 할 때마다 아이들의 입에서도 신음소리가 흘러나왔다.

아이 하나가 천이 집을 향해 내달렸다. 천이 엄마는 한달음으로 달려왔다. 엄마를 본 천이는 그만 정신을 잃고 말았다.

"아이고, 천아! 천아."

엄마는 천이에게 달려들었으나, 마루치의 큰 손이 달려드는 엄마를 간단히 밀쳐버렸다.

"다가오지 마라! 이 아이는 불경죄를 지었다!"

"어린 것이오, 용서하시오."

"나무와 꽃을 꺾은 죄도 크지만, 제군들을 불온하게 선동한 죄는 용서할 수 없다!"

"선동이라니요? 아직 뭘 모르는 아이요. 교장 선생님 제발…."

"아직 본때(본보기)가 안 끝났으니, 데려가려거든 순사를 입회시켜라!"

마루치의 무지막지한 고함은 메이지관을 쩌렁쩌렁하니 울렸고, 잔뜩 겁에 질린 아이들은 움찔움찔 놀래었다.

엄마는 마루치의 손을 뿌리치며 천이이게 달려들었다. 엄마의 손길이 닿자, 천이는 곧 깨어났다. 천이는 큰 충격에서 헤어 나오지 못하는 듯, 헛소리를 하였다.

"꼬옻, 꽃…."

"더러운 조센징!"

마루치의 벽력같은 고함에 엄마와 아이들은 그 자리에서 털썩 주저앉고 말았다.

마루치의 매는 또다시 천이의 등짝을 향해 내리쳤다. 엄마가 보는 앞에서도 마루치의 매질은 계속되었다.

엄마의 온몸은 부들부들 떨렸다. 천이의 비명 소리가 점점 작아지면서 아이들의 신음은 울음으로 변해갔다.

외마디 비명을 내지르던 엄마가 천이가 묶여 있는 곳으로 고꾸라졌다. 바닥에 고꾸라진 엄마 역시 정신을 잃고 말았다.

천이는 며칠째 밥을 먹지 못하였다. 심한 열과 함께 헛소리를 하였다.

교장을 만나야겠다며 부리나케 관사로 달려갔던 천이 아빠는 순사에게 포박을 당해, 곧바로 주재소로 넘겨졌다.

이 사건이 전주읍내에까지 알려지면서, 신문사 기자가 천이의 집을 찾았다. 취재를 감시하기 위한 긴 칼을 찬 순사도 뒤따랐다. 지는 순사를 보자마자 울음을 터뜨렸다.

천이는 일어나지 못했다.

"꼬옻, 꽃…."

천이의 헛소리는 계속 되었다.

"널 지켜주지 못한 이 어미가 썩을 것이다. 이 어미가…."

며칠째 천이 곁을 떠나지 못하는 엄마. 지켜주지 못한 죄책감으로 가슴은 에이고 에였다.

지는 언니가 왜 이렇게 됐는지 알지 못했다.

"언니야, 죽지 마라아! 죽지 마, 응…?"

지는 언니 손을 붙잡고 제발 죽지 말라며, 울고 또 울었다.

열흘이 지나, 천이가 일어났다. 엄마는 기뻐했으나 기쁨도 잠시, 천이가 이 전처럼 맑은 정신을 갖지 못한다는 것을 알고는 크게 낙담하였다.

천이가 잘 가는 들에 엄마는 함께 나가 꽃을 꺾어주기도 하고, 꽃이름을 불러주기도 하였다. 그러나 천이의 맑은 정신은 끝내 돌아오지 않았다. 천이는 아무 때고 밖으로 나갔다. 하얀 들꽃 한 송이를 까만 단발머리에 꽂은 천이는 하염없이 들판을 걸었다.

어느 때는 들꽃으로 만든 화관을 쓰고서 집으로 들어왔다. 지의 눈에는 옥색 치마에 하양 저고리를 입은 언니가 그 어떤 꽃들보다도 아름다웠다. 그러나 엄마의 가슴은 이내 시꺼멓게 타들어가고 있었다.

천이가 들로만 가는 게 아니라 산으로도 갔다. 땔나무를 하던 머슴아이들이 천이가 꽃을 찾아 앞 뒤 산을 오르락 내리락 하고 있다고도 알려와, 데려온 적이 있었다.

천이가 엿새 째 감감 무소식이자, 엄마는 끝내 쓰러지고 말았다.

불행 중 다행히 아빠가 풀려났다.

아빠는 엄마가 회복되기가 무섭게 천이를 찾으러 산으로 들로 다녔다. 서당문을 다시 열 생각도 하지 못하고 오로지 천이를 찾아 두 달이고 석 달이고 집을 비웠다.

지는 슬픔으로 가득한 집에서도 무럭무럭 자랐다. 지가 천이처럼 열 살이 되고서야, 언니가 왜 그렇게 됐는지 어렴풋이나마 알게 되었다. 그때부터 지는 천이 언니를 생각하며 공책에다가 무언가를 쓰기 시작했다. 일기였다.

엄마가 가슴에다 묻다시피 한, 그리고 오빠와 내가 읽고서 눈물을 쏟아버린 오래된 공책이 바로 옥지 외할머니께서 언니 옥천을 그리워하면서 쓴 길고 긴 일기였다.

그 일기의 일부다.

1932년 3월 초여드레

천이 언니가 당시에 열 살이었는데, 내가 바로 그 열 살입니다. 아직도 천이 언니를 찾지 못했습니다. 아빠는 술에 취한 채 주점에 있는 날이 많습니다. 너무도 힘겨워 보이는 엄마가 불쌍합니다.

1932년 7월 초하루

지난 장마로 신문 쪼가리가 그만 누져버렸습니다. 만주로 떠나시기 전에 아빠께서 남긴 것들이었는데. 천이 언니 사건을 취재했던 중외신문 기사였는데, 엄마는 말없이 누진 신문 쪼가리들을 모두 소지해버렸습니다.

1932년 7월 아흐렛날

신문 쪼가리를 소지한 이후로 언니가 자주 꿈에 나타났습니다. 까만 머리에 하얀 들꽃으로 치장한 천이 언니가 나타났습니다. '언니야, 언니야' 하고 불렀는데, 부르면 부를수록 언니는 저 멀리에 서 있다간 사라져버렸습니다.

대장부 박열

언젠가 문경 조령을 여행하다가 우리 일행을 마중 온 지인으로부터 뜻하지 않은 박열(朴烈. 본명은 박준식) 선생에 관한 얘기를 들을 수 있었다. 얘기를 다 듣고 난 나는 박열이라는 이름 앞에다 '대장부' 라는 호칭을 붙였다.

대장부 박열! 소인배들이 득실하던 시대에, 그것도 적의 소굴에서 일본 국왕을 상대하려고 했던 그는 분명 대장부였다.

대장부 박열이 조국 해방을 위해 선택했던 방략은 무정부주의(아나키즘) 운동이었다. 무정부주의와 관련한 그의 삶의 여정은 광복 이후에 더욱 복잡해지고 있다. 본 문에서는 이 부분을 다루지 않겠다.

참고로, 대장부 박열에 관해서는 김명섭 교수의 글과 나의 박사과정을 지도한 윤선자 교수의 강의 내용을 많이 참고하였다.

대장부 박열은 1902년 경상북도 문경군 마성면 샘골에서 태어났다. 대장부 박열이 민족 의식을 갖게 된 것은 보통학교를 졸업할 무렵에 눈물을 흘리며 사죄하는 한국인 교사 때문이었다.

"여러분, 저는 죄인입니다. 그 동안 상부의 압력으로 거짓 교육을 하였습니다."

대장부 박열은 농사에 전념하라는 형의 권유를 뿌리치고서 경성제2고등보통학교에 입학하였다.

1919년에는 불길처럼 일어난 3·1운동에 뛰어들었다. 이때, 군인과 경찰이 만세운동을 무자비하게 진압하자 대장부 박열은 일본인이 세운 학교를 다닐 수 없다며, 학업을 포기하고 낙향하였다.

고향에서의 박열은 동무들과 태극기를 만들고 격문을 살포하는 등, 만세운동을 확산시켜 나갔다. 만세운동 중에 동무들이 헌병대에 끌려가 혹독한 고문과 구타를 당한 것을 본 대장부 박열은 결심하였다. 호랑이를 잡으려면 호랑이굴에 들어가는 수밖에 없구나, 라고.

대장부 박열은 일본 도쿄로 곧장 건너갔다. 이때가 1919년 10월경이다. 당시 가난한 농민의 아들 박열이 가진 거라곤 한 달 하숙비가 전부였다.

도쿄에 도착하자마자 신문 배달과 날품팔이, 우편 배달부, 인력거꾼 등을 마다하지 않았다. 그러면서 단기어학 전문학원인 세이소쿠〔正則〕영어학교에서 학업을 이었다. 노동과 학업을 겸하는 중에서도 대장부 박열이 하는 일은 또 하나가 있었다. 그것은 조국의 해방을 위한 활동이었다.

한국을 부당하게 지배하고, 폭력으로써 한국을 통치하는 일본제국주의를 박살내기 위해 대장부 박열은 '박멸단'이라는 조직을 결성하였다. 이때, 군국주의적 침략을 서슴지 않던 일본 국왕에 반대하는 일본인 여성 가네코 후미코〔金子文子〕를 만나게 되었다.

1921년에는 가네코 후미코와 '흑도회'를 다시 결성하였다. 가네코 후미코는 흑도회 기관지 「흑도」를 맡아 항일 세력의 규합과 선전 활동을 벌여나갔다. 더불어 가혹한 노동 착취와 학대로 인해 적지 않은 한국인 노동자들이 일본인 사업장에서 죽어간 사건의 진상을 조사하기도 하였다. 또한 일본 내의 양심적 사회 단체와 연대하여 비인간적 일본인 사업장을 비난하는 선전전을 펼치기도 하였다.

1922년에는 '불령사'라는 조직을 만들었다. 불령사는 폭탄 구입을 목적으로 하는 비밀조직이었다. 폭탄 구입이 어렵게 되자,— 대장부 박열은 직접 폭탄 제조를 시도하였다.

그러던 중에 도쿄에서 대지진이 발생해, 도시는 아비규환의 생지옥으로 변하였다. 쌀값은 폭등하고, 도시민들의 폭동이 여기 저기에서 일어났다. 이에 일제는 계엄령을 선포하고, 한국인들을 검속하기 시작하였다.

일제의 한국인 검속은 대지진으로 인한 혼란의 책임을 한국인들에게 뒤집어 씌우려는 교묘한 책동이었다. 이것이 발단이 돼, 무려 6천여 명이라는 한국인이 일본인 자경단원들에게 끔찍하게 죽어갔던 것이다.

대지진 당시에 대장부 박열과 가네코 후미코는 보호 검속이라는 명목으로 경찰에 의해 검거되었다. 오랫동안 '불령사'를 감시해 온 경찰의 사전 조치였던 것이다.

곧이어, 경찰의 조사 과정에서 대장부 박열의 폭탄 구입 및 제조 계획이 드러났다.

당시의 일본 언론은 박열의 폭탄 구입 및 제조 계획을 '대역 사건'으로 대서특필하였다. 대역 사건이라니, 그렇다면 누구를 폭살하기 위해 구입하려 했던 폭탄이었을까?

대장부 박열은 검찰에 기소된 이후인 1923년부터 1925년까지 총 21회에 걸쳐서 조사를 받았다. 조사 과정에서 대장부 박열은 되레 일본인 검사들과 판사들을 크게 꾸짖었다.

"죄인 박열은 폭탄 구입 목적을 밝혀라!"

이때 대장부 박열은 서슴없이 이렇게 말하였다.

"죄인이라니, 말조심하게. 누가 죄인이란 말인가!"

"폭탄 구입 목적이나 어서 밝혀라!"

"그래, 말해주마. 내가 만들려고 한 폭탄으로 죽이려고 한 건 너희 국왕이다."

대장부 박열의 이 말은 당시 일본 열도를 강타하였다. 국왕을 죽이려고 했다니, 당시 대지진만큼이나 놀라운 사건이 아닐 수 없었다. 일본이 놀란 것은 이것만이 아니었다. 대장부 박열이 재판에 앞서 재판장에게 네 가지 사항을 당당하게 요구했던 것이 알려지면서, 열도는 또 한번 경악을 금치 못하였다.

"재판장, 나는 한국인이다. 그러하니 한국말로 질문하라. 재판장, 나는 죄인이 아니다. 죄가 있다면 되레 너희 국왕에게 있으니, 죄인 취급은 하지 말아라. 재판장, 나는 한국인이니 한복을 입게 해 달라. 재판장, 너희는 나를 내려다보며 심문할 자격이 없으니 너희와 동등한 좌석에 앉을 수 있도록 해달라."

당시 대장부 박열의 이러한 요구는 당연히 묵살될 것으로 예견하였으나, 의외로 요구의 일부가 받아들여졌다. 재판 결과는 대장부 박열과 가네코 후미코 모두 사형이었다. 이때가 1926년 3월이다.

대장부 박열은 웃으면서 이렇게 말하였다.

"재판장, 수고했네. 내 육신이야 자네들 마음대로 하겠지만 내 정신이야 어찌하겠는가."

그러다가 일주일 만에 감형이 발표되자, 대장부 박열과 가네코 후미코는 감형 내용이 담긴 사면장을 갈기갈기 찢어버렸다.

이러한 대장부의 호기에 일본의 일부가 감동하였다. 일본인 재판장이 대장부 박열에게 감동한 나머지 호의적인 말을 했다가 파면을 당하기도 했다.

대장부 박열과 가네코 후미코는 사형 선고 받기 한 달 전인 1926년 2월에 옥중에서 결혼하였다. 결혼 직후에 대장부 박열과 가네코 후미코는 따로이 수감되었다.

가네코 후미코는 대장부 박열과 헤어져 수감된 직후인 1926년 7월에 의문의 죽음을 맞았다. 공식적인 발표는 자살이었으나, 타살 의혹이 제기되었다.

죽은 가네코 후미코는 대장부 박열의 동지들에 의해서 비밀리에 경상북도 문경의 팔령산, 즉 대장부 박열이 태어나 자랐던 고향에 묻히게 된다.

1945년 일제가 연합군에 항복한 마당인데도 대장부 박열은 쉽사리 석방되지 않았다. 대역 사범이라는 이유에서였다. 그러다가 대장부 박열이 석방되자 도쿄에서는 대장부 박열을 환영하는 대대적인 군중 집회가 열렸다.

이때 대장부 박열을 옥중에서 감시하던 형무소 소장이 수 천 명의 한국인들 앞에서 사죄 연설을 하기도 했다.

대장부 박열은 21세의 젊은 나이에 투옥되어 44세인 1945년 10월 홋가이도〔北海島〕 변방의 아키다〔秋田〕 형무소에서 석방되기까지 실로 22년 2개월이라는, 그 유례조차 찾기 힘든 최장의 수감 생활을 하였다.

이승만 정부의 주선으로 1949년에 귀국했던 대장부 박열. 고국 땅에 발을 들인 박열은 먼저 가네코 후미코가 묻힌 팔령산(八靈山. 문경읍에 있는 산으로, 주흘산 옆 팔령리에 있다.)을 찾았다.

동지이자 아내인 가네코 후미코 앞에서 대장부 박열은 감사의 큰절을 올렸다고 한다. 이것이 태어나 자란 고향과 가네코 후미코와의 마지막 작별 인사였다.

그 뒤로 대장부 박열은 가네코 후미코가 묻혀 있는 고향땅을 다시는 밟지 못했다. 대장부 박열은 또 다른 조국인 북한으로 들어갔던 것이다.

1974년 1월, 북녘에서 타계하기까지의 대장부 박열에 대한 행적은 알려져 있지 않다. 단지, 대한민국 정부에서는 1989년에 대장부 박열에게 대한민국 건국훈장 대통령장을 추서했을 뿐이다.

아관청의한 이들이 예언한 광복

일제 강점기의 아관청의(峨冠靑衣)한 이들의 종교 운동을 연구한 지 이십 년이 흘렀다. 아관청의란 챙 넓은 갓을 쓰고 푸른 두루마기를 고집한 선도계열의 도인을 일컫는다.

선도계열이란, 동학과 시루도인으로부터 파생된 근대 민중종교로, 보천교(普天敎)가 그 중심에 있다. 한때 동학의 지도자였으며 시루도인을 따랐던 월곡 차경석(車京石. 호가 月谷)을 정점으로 한, 신천지 건설 운동을 이른바 보천교 운동이라고 한다.

다가올 앞날에 대한 관심이 높은 것은 예나 지금이나 마찬가지다.

대부분의 사람들은 자기 자신의 앞날, 더 나아가 공동체의 앞날까지를 궁금해 한다. 앞날을 언급하는 이들 또한 자신이 속한 현실을 직시하곤 한다. 이때 앞날에 대한 언급은 단순히 언급으로써 끝나는 게 아닌, 언급 그 자체로 사회적 파장을 일으킨다. 앞날이 언급되는 순간부터 예언에 이끌렸던 이들에 의해서 현실이 부정되거나 도외시되기 때문이다.

일제 강점기에 앞날을 언급함으로써 모순되고도 억압됐던 식민지 현실을 벗어나려던 운동이 바로 선도계열의 예언 운동이다. 지금부터 하는 예언 이야기는 선도계열의 각 교단이나 교파들이 일제 강점기에 탄압을 받는 과정에서 생성된 자료들을 재구성한 것이다.

앞날을 내다본다고 하는 주요 언어적 개념으로는 '예측'과 '예언'이 있다. 예측이 어떤 일이 일어날 것인가를 자로 잰 듯이 헤아려서 미리 측정한 것이라면, 예언은 어떤 일이 일어날 것인가를 미리 짐작하는 것이다.

예측이 나타난 현상을 토대로 가설을 세우고 가공한 데이터를 가지고서 합리적으로 분석한 것이라면, 예언은 다분히 주관적이고 직관 위주의 신비로운 방법을 통해서 이뤄진다.

춘원 이광수는 일제 강점 상태가 향후 100년 이상은 지속될 것이라고 내다보았다. 춘원이 어떤 자료를 근거로 한 것이 아니었음에도 불구하고 당대 사람들은 춘원의 이 같은 언급을 예언이라 하지 않았다. 일제 강점 상태의 지속 가능성 여부를 떠나, 당대 신학문을 했던 지식인의 언급 자체를 합리적인 양 바라보던 시절이었기 때문이다.

춘원이 일제 강점기가 향후 100년 이상은 지속될 것이라고 내다보았던 시절에 아관청의한 도인들은 1944년에 일제가 전쟁에서 패하면서 한국이 광복을 맞이하게 될 것이라고 예언하였다. 그러나 세상의 어느 누구도 아관청의한 이들의 이러한 예언을 귀담아 들으려 하지 않았다.

일제는 한국의 광복을 예언한 아관청의한 이들을 치안유지법 및 보안법으로 탄압하였다. 세상이 도인들을 외면하는 동안에 식민 통치자들은 아관청의한 이들의 예언을 예의 주시하였던 것이다.

전라도 변산반도에 보천교 잔당인 원군교(元君教)라는 비밀 결사체가 있었다. 이들은 후천 선경 개벽을 내세우며 일제의 강점 상태를 끝내려고 하였다.

후천 선경 개벽이란 한국을 일제로부터 해방시키고 불사불멸의 5만 년 신천지의 시작을 알리는, 일종의 예언이었다. 이들은 후천 선경 개벽의 세상을 맞이하기 위한 집회와 기도를 잦게 가졌는데, 이는 당대 민심을 적잖이 자극하였다. 이에 일제는 원군교의 주요 도인들을 치안유지법 위반 혐의로 구속해버렸다.

구속과 재판 과정에서 사망자가 발생했는데, 과연 이들이 한 예언이 무엇이기에 이토록 죽음까지 당해야 했던 것일까.

1941년 5월에 부안군 석포리 청련암에서 원군교 도인들이 대규모의 집회를 가졌다. 이때 도인 가운데 홍순문(洪淳文)이라는 예언자는 이렇게 말하였다.

"세계는 큰 전쟁에 휘말리나 수 년 내로 그 끝을 보게 되는데, 그때 시루도인이 재림하여 천지인(天地人) 삼계(三界)를 장악하게 된다. 이때 우리나라는 세계의 선진국이 될 것이다. 교인들은 시루도인의 수제자가 되어 후천 5만 년 동안 불로불사하며, 또한 세계 인류를 지도하는 자격을 부여 받게 될 것이다. 따라서 그 때를 대비하여 동서남북의 49임원을 선임하는 등 강력한 조직을 구축해야 한다."

이러한 내용이 1943년의 전주지방법원의 원군교 관련 판결문에 적혀 있다.

다음으로, 강원도 평강군의 일명 선도교(仙道教)의 예언을 소개하겠다.

선도교는 보천교 간부였던 김홍원(金洪圓)이 1928년에 결성한 비밀 결사체다. 김홍원은 "조선인 전부가 본교를 믿게 되었을 때 조선은 완전히 조선인의 손에 의해 통치된다." 며, 민중을 대규모로 조직하려고 하였다.

"머지않아 러시아와 일본 간의 전쟁이 일어날 때에 우리 교주는 러시아의 승리를 틈 타 일본과 분리를 꾀하여 조선을 독립시킨다. 교의 목적은 교인이 불식장생(不食長生)의 비술을 전수시켜 신선이 되게 하는 것인데, 교인이 신선이 되면 신선은 만왕의 왕이므로 조선은 선도교가 지배하게 된다. 머지않아 미국과 일본 간의 전쟁이 이는데, 본 교를 믿으면 난을 면함과 동시에 미국이 승리했을 때 일제와 절연하여 본래의 조선국이 될 것이다."

1935년에 작성된, 조선총독부 경무국으로 보낸 평강경찰서의 치안 관련 비밀 보고서에는 위와 같은 예언이 분명하게 쓰여 있다.

다음은 제주도 무극대도의 예언을 소개하겠다.

무극대도 역시 한때 보천교도였던 강승태(姜昇泰)에 의해서 결성된 비밀 결사체다. 강승태는 1936년에 '수일 전에 동쪽 하늘에 황제를 지키는 별이 떨어지는 것을 보았는데 이는 일본 황제의 운이 쇠하였다는 뜻이며, 1940년에 진인이 나타나 조선을 해방시키고 천자로 등극할 것' 이라는 예언을 하였다.

강승태의 예언은 그 뒤로 더욱 구체화 되었다.

"1940년 3월, 경진년 경진월 경진일 경진시에 제주도 남방 자록도

(紫鹿島)에서 진인 정도령이 나타나 부하 군졸 수천 수백 명을 홍기를 단 태을선에 태워 중문면 대포리에 상륙할 것이다. 진인 정도령은 교주 강승태와 협의한 후에 계룡산으로 들어가 조선을 독립시키고, 천자로 등극할 것이다. 천자로 등극한 정도령이 세계를 72개국으로 나누어 지배할 것이고, 그때 가서 각 국의 왕은 물론 일본의 천황이라 할지라도 정천자에게 조공할 것이다. 그리고 무극대도는 국교가 되고, 그 교인은 그 성의에 따라 성인 반열에 올라 후천 5만 년의 영락을 입게 될 것이다."

홍기반천일가망(紅氣半天日家亡)
서시과처회손실(徐市過處回孫失)
(홍기가 반천하니 일본이 망하고 서불이 지나가 머문 손자들이 망실하리라.)

1937년 1월 강승태는 위 시를 가지고서 다음과 같은 예언을 하였다. "1937년 1월 26일 오전 2시경에 하늘이 반분하고 붉어지는 것을 목격하였는데, 이는 가까운 장래에 일본이 멸망할 징조다. 일본의 제1대 천황은 중국의 진시황 때 불로불사초를 구하기 위해서 왔던 서불〔徐市〕이다. 서불은 동남동녀 오백 명을 거느리고 불로불사약을 구하러 제주도에 왔다가 일본으로 건너가 제1대 천황이 되었던 것이다. 지나사변(支那事變)이 발발할 것을 미리 내가 알고 있었다. 이 전쟁은 금후 일진일퇴로 서로 싸우며 1940년까지 계속되지만, 결국은 일본이 패한다. 그때 진인 정도령이 출현하여 일본이나 중국을 평정하게 될 것이다. 이미 기운이 쇠한 서불의 자손 일본이 그 조상의 나라인 중국에게 화살을 쏘지만 중국은 큰 나라이고 또한 러시아가 중국을 원조할 것이니, 당연히 일본이 패할 것이다. 패잔 멸망하는 일본군의 넋이 방황하여 통곡할 것이다."

강승태는 1937년 10월에도 이것과 유사한 예언을 하였다.

"1938년과 1939년 양 해에 일본이 군사적으로 우세하여 상호 일진일퇴의 상태가 오래 가지만, 1938년부터는 세계 대전으로 진전되고 일본은 점차 그 세력이 약해지면서 패전할 것이다. 그때 정도령이 나타나니, 1940년 경진년에 해당한다. 정도령의 신통으로 전쟁은 중단되고 조선이 독립하여 세계가 평정될 것이니, 세계 각국은 모두 조선에 조공하러 들 것이다. 지나사변이 오래 지속되면 많은 전비가 필요하므로 금융이 핍박함은 자명한 것인데, 최근 금융조합에서도 금고를 폐쇄하여 금을 내치지 않는 이유는 조선에 돈줄이 끊어졌기 때문이다. 일본 비행기는 전부 중국 비행기에 습격을 당하여 남는 것이 없다. 동쪽에서 서쪽으로 가는 것은 있어도 서쪽에서 동쪽으로 가는 비행기는 한 대도 없지 않느냐. 또 신문에는 일본이 우세하다고 하지만 사실은 일본이 패전을 호도하는 것에 불과하리다."

이 같은 강승태의 예언은 예언이라기보다는 정세 분석에 가까웠다. 1937년 12월에 강승태는 예언이 곧 실행될 것이니, 이에 대비하라고 교인들에게 간곡히 당부하기도 하였다.

"현재 일본은 중국과 전쟁 중이지만 반드시 패배할 운명에 있고, 또한 3년 내에 모진 병이 유행하여 일본인은 전멸하게 될 것이다. 그때가 되면 교통은 두절되고, 현재 일본에 건너가 살고 있는 조선 사람들은 사멸하게 될 것인즉, 만약 친족 중 일본에 있는 자가 있거든 시급히 불러들이도록 하라. 또 3년 뒤면 조선은 일본과 떨어져 독립하며, 이때 무극대도를 신앙하는 자는 양반될 것이니, 어서 빨리 지인에게 권유하라."

이처럼 1940년 광주지방법원 제주지청의 〈형사사건부〉에는 3, 4년 후에는 한국이 독립된다는 강승태의 이러한 예언이 기록되어 있다.

당대 지식인 대부분은 패배주의에 빠져 한국의 광복이 요원할 것으로 여겼던 반면에, 아관청의한 이들은 끊임없이 한국의 광복을 예언하였던 것이다.

강승태의 예언의 백미는 바로 이것이었다.

"현재 동서양의 정세를 계절에 비유하자면, 동양의 운세는 추동(秋冬)이고 서양은 춘하(春夏)의 계절에 해당하는 까닭에, 조선은 추동의 초목과 같이 조락(凋落)하고 서양은 춘하의 초목과 같이 번성한 상태다. 그러나 잠시 후면, 서양의 운세는 정반대로 전환하게 되고 조선의 운세가 호전될 터인즉, 이는 음양 두 수의 순환이법(循環理法)에 의한 필연적인 결과이다. 조선은 현재 일본에 병합되어 있지만, 1944년이 되면 현 사회는 몰락하고 동시에 지상천국(地上天國) 용화세계(龍華世界)가 된다. 그리고 신도들은 선각자로서 중국의 공자 및 기타 제자와 같이 후세에까지 존경 받고 추모 받음은 물론, 고위 고관에도 취임하여 부호가 될 것이다."

이처럼 강승태는 한국 광복의 해를 1944년으로 잡고 있었다. 이러한 예언 역시 앞의 〈형사사건부〉에 쓰여 있다.

아관청의한 이들의 예언은 분명 초심리학적인 예지나 계시일 수 있다. 정감록 신앙이 앞의 예언의 바탕을 이루고, 음양 역법의 원리가 예언의 골격을 이루고 있는 것은 분명 전근대적인 양상이라 할 수 있다. 그러나 일제의 패망이나 한국의 광복, 그리고 주변국과의 역학 관계를 나름대로 분석하고 추론한 모습이란, 정세 분석에 가깝다.

앞서 살펴보았겠지만, 이관청의한 이들이 일제의 패망 연대를 대체로 1941년에서 1944년으로 잡고 있는데, 이는 실제 패망 연대와 크게 차이가 나지 않는다. 과연 이들의 예언을 초심리학적인 단순 예언으로 볼 것인가. 단순 예언이 아니라면, 이들의 예언을 어떻게 보아야 할 것인가?

이들의 예언은 주로 시루도인의 계시나 강서로 구성돼 있지만, 전통적인 비결이나 역의 원리가 가미되기도 한다. 그렇더라도 이들의 예언은 결코 초심리학적인 예지나 계시일 수만은 없다. 은유적인 시구나 계시문의 해석에는 지극히 현대적인 정세 분석이 내재돼 있기 때문이다.

선도계열의 도인들은 시루도인이 강조했던 후천 지상 선경 사회를 열망하였다. 더불어 일제 강점기라는 시대적 모순은 후천 지상 선경 사회와는 역행되는 것이었으며, 따라서 일제 강점 상태를 종식시키는 게 무엇보다도 급선무라고 생각하였던 것이다.

일제 강점기의 중국의 대한민국 임시정부 세력이나 동만주의 한인 공산주의 세력 모두가 한국의 광복 이후의 대안으로 각각 민주공화정이나 인민공화국을 염두에 두었던 것처럼, 도인들 역시 광복 이후의 한국을 지상 선경 사회로 그려 놓고 있다는 점이다.

3부

탐욕은 폭압을 낳고

꿈의 연금술

자본주의가 고도로 발달하면 금화가 사라지고, 금의 효용성이 떨어진다고 한다. 그런데 근래의 금값은 천정부지다. 고도로 발달한 자본주의 시대에 금값이 치솟는 까닭을 딱히 알 길이 없다. 단지, 자본주의가 큰 위기에 빠졌다는 것과 관련이 있는 듯하다.

근래의 경제 위기는 미국 발 금융 위기가 전 세계로 확산되면서 나타난 현상이라고들 분석한다. 한편 이와 같은 위기는 인간의 탐욕과 시장 만능주의에서 비롯되었다는 게 전문가들의 진단이다.

인간의 탐욕의 끝은 어디까지인가에 대한 생각을 하다가 만든 이야기다. 이야기는 일본 이화학연구소에서 실재한 실험을 모티프로 삼았다.

21세기 중반부의 사람들은 20세기의 사람들이 쌓아놓은 업적으로 살아가는 후예라고 보면 틀림 없다.

21세기 중반부의 학문, 특히 과학 분야는 정체이거나 퇴행이 시작되고 있었다. 이런 와중에 중세기에나 유행하던 연금술이 다시금 유행하였다. 연금술의 등장은 사회가 마치 16세기로 되돌아가버린 그런 느낌을 갖게 하였다. 정말이지 중세기의 연금술이 막연하게 유행하던 시기의 이야기다.

동경에서 전철로 약 30분 정도 걸리는 사이타마〔士奇玉〕현 와코〔和光〕시에 위치한 일본 최대의 기초과학 연구 집단인 이화학연구소(理化學硏究所)에서는 아주 중대한 가능성 하나를 정립하기 위한 연구에 심혈을 기울였다.

'극과 극은 서로 통한다'는 논리처럼, 의외의 결과를 거두기 위해서 연구에 연구를 거듭하고 있었다. 물론, 20세기의 업적을 반복 적용한 것일 뿐, 창의적이거나 독창적 아이디어를 기반으로 이루어지는 연구는 분명 아니었다. 그러함에도 일본의 중앙 정부는 이화학연구소의 연구를 전폭 지원하였다.

중앙 정부에서 전폭 지원할 정도로 중차대한 연구는 다름 아닌, 자연산 금과 똑같은 금을 생산하는 실험이었다. 실험은 가속기를 통해서 인공의 금을 만드는 것이었다.

그 동안 화학자들은 약품 처리로 금을 만드는 시도를 헤아릴 수 없이 많이 해왔다. 마치 중세기의 연금술사들이 그랬던 것처럼. 그러나 이화학연구소의 실험은 중세기의 연금술과는 달리, 물리학자들에 의해 가속기가 이용됐다는 점이다.

이화학연구소의 실험을 지켜보는 과학자들은 하나같이 이론상으로는 가능하다는 결론을 내었다. 이론상으로 보면, 납 10킬로그램으로 금 1킬로그램을 만들려면 1천년이 걸린다.

1천 년을 압축하기 위해 가속기를 이용한다면, 납이라는 속성은 짧은 시간 안에 금이라는 속성으로 충분히 바뀔 수 있다는 가설이었다.

가속기로 납의 원자핵을 바꿔 금을 만들어 낼 수 있다는, 이러한 이론과 실험을 '사이클로트론(cyclotron)' 이라고 한다.

서기 2050년 8월, 드디어 이화학연구소에서 환호성이 터져 나왔다. 금을 대량으로 생산하게 됨에 따른 환호성이었다. 일본은 엄청난 금을 마음대로 생산하는 지구촌 유일의 나라가 된 것이다.

일본은 마음만 먹으면 납덩이를 금 뿐만이 아닌 은과 동까지도 만들어 낼 수 있었다. 거꾸로 금으로 납을 만들기는 식은 죽 먹기라는 게 기대에 찬 일본인들의 생각이었다.

일본인들은 납을 금으로 삽시간에 만드는 기술을, 생산도 소비도 한계에 부닥친 일본 경제의 먹구름을 일시에 벗겨줄 구세주로 여겼다. 그 동안 한국과 중국의 성장으로 위축됐던 일본 경제의 위상이 빠르게 회복되는 건 물론, 또다시 세계 초일류 국가가 되리라는 확신으로 충만하였다. 일본 열도는 기쁨과 크나큰 기대로 들떠 있었던 것이다.

참고로, 21세기 중반부는 미국을 중심으로 하는 서구 국가들의 침체가 있었고, 반면에 동아시아 국가들이 세계를 주도하였다는 점이 특징이다. 동아시아에서도 한국과 중국의 경제력이 커지면서 상대적으로 일본의 국력은 날로 시들해져가고 있었다.

21세기 중반부의 또 하나의 특징은 경제 논리에 학문의 발달이 정지돼버렸다는 점이다. 경제와 효율의 논리는 인문학은 물론 사회학 및 과학과 기술에 이르기까지, 모든 학문의 영역을 퇴행시키고 있었다. 따라서 인간의 지적인 사고력은 급격하게 떨어졌고, 일부 지역의 일부 사람들은 중세기적 사고를 하게 되었던 것이다.

어쨌든 납을 금으로 만드는 획기적인 발명 직후의 일본인들은 향후 일본의 앞날을 다시금 설계하였다. 설계의 요지는 간단하고도 단순했다. 복잡한 공장에서 어렵게 생산한 자동차나 비행기를 구걸하다시피 팔지 않겠다는 것이다.

한국과 중국의 상품과의 피곤한 경쟁도 하지 않겠다는 것이다. 오로지 가속기를 돌려서 좀 더 많은 금을 생산하면 그만이라는 식이었다. 이 어찌 혁명, 그 이상의 획기적인 사건이 아니겠는가.

예전에도 획기적인 사건이 있긴 있었다. 비싼 원유에서 추출한 휘발유를 자동차에 넣고서 타고 다니던 시절이었다. 이러한 시절을 종식시킨 게 바로 전기 자동차였다. 전기 자동차의 등장은 일거에 원유를 처치하기 거추장스러운 것으로 만들어버렸다.

그런데 이번 가속기를 이용한 금 생산은 전기 자동차의 등장, 그 이상의 획기적인 사건이었다. 인류가 시작된 이래로 인간이 가장 많이 찾고 그리고 귀하게 여기던 금을 인간이 마음먹은 대로 생산을 하게 되었으니, 이는 그 어떤 혁명보다도 획기적인 것이라고 믿어 의심치 않았다.

이화학연구소는 곧바로 국책연구소가 되었다. 이번 연구를 성공시킨 연구자들은 국가연구원으로 위촉되어, 국가의 극진한 예우를 받았다. 반면에 극도의 보안을 위해서 연구원들의 행동을 엄격하게 제약하기도 하였다.

드디어, 연구실 바로 옆에는 금을 생산하는 대규모 공장이 들어섰다. 일본 국왕과 총리가 함께 나타나 단추를 눌렀다. 수십 초가 지나자 바로 옆의 나팔관에서 누런 금덩어리가 쏟아져 나왔다. 각종 매체에서는 금이 생산되는 장면을 생중계하였고, 이를 지켜 본 일본 뿐 아니라 전 세계인들도 탄복하였다.

복에 겨워 눈물을 흘리는 일본인들이 적지 않았다. 금을 마음대로 생산할 수 있다는게 '국왕의 은총' 이라고 말하는 이들도 있었다. 그동안 일본이 세계 경제의 주도권을 놓쳐왔었는데, 그 주도권을 다시금 되찾게 될 것이라며 주먹을 불끈 쥐어 보이는 이도 있었다.

금이 대량으로 생산된다는 사실은 전 세계 경제에 적지 않은 파장을 일으켰다. 우선, 한국과 중국의 언론들은 일본의 이와 같은 사실을 연일 보도하면서, 다음과 같은 우려를 하였다.

일본이 금을 가지고 세계 경제의 주도권을 잡으려고 한다!

그런데 한국과 중국의 이러한 우려는 기우에 불과하다는 것을 금세 알 수 있었다. 그것은 다름 아닌, 금값에서 나타났다. 일본이 금을 세계 시장에 내놓기도 전에 스위스 금시장의 금값이 대폭락을 거듭하였다. 이것만이 아니었다. 주식시장과 환전시장이 마비돼버렸다. 이러한 상황을 방치한다면, 1929년과 2008년에 이은 세계 대공황은 필연적이라는 게 경제 전문가들의 전망이었다.

그런데 일본의 경제 전문가들의 전망은 달랐다. 일본이 금을 생산하기에 앞서 잠시 금시장이 놀라 조정 국면에 접어든 것일 뿐이라는 분석이었다. 그런데 한 주가 가고 한 달이 가도 금값이 회복되기는커녕, 오히려 조금씩 내려가고 있었다.

일본의 경제 관료들은 우려에 우려를 더했다. 시중의 여론은 금을 대량 생산하는 사실이 알려지면서 금값 폭락 현상이 초래되었다는, 일부 언론의 분석을 신뢰하기 시작하였다.

한편, 일본의 보수 우익 집단들은 하루 빨리 대량 생산한 금을 아주 싼 값에라도 세계 시장에 내다 팔아야 한다고 주장하였다. 그래야만 여태껏 투자해온 연구비라도 건져 올릴 수 있다는 것이었다.

말하자면, 어차피 금값은 회복되기가 어렵고, 향후에 일본이 금을 대량 생산한다는 전제가 깔려 있기 때문에 금값은 내려가면 내려갔지 오르지 않으니 비밀리에 금을 대량 생산해서 일시에 내다 팔아야만 본전이라도 뽑을 수 있다는, 그런 논리였다. 보수 우익들은 과거 선대들의 저술이나 논문 등을 그 근거로 제시하였다. 그러나 그러한 저술이나 논문을 정확히 읽고 해득할 수 있는 사람은 없었다. 단지, 그들이 생각하기에 그렇다는 것이다.

일본 각료들이 금값 폭락 문제를 놓고서 아주 비밀리에 회의에 회의를 거듭하였다. 회의를 거듭한 끝에 보수 우익의 주장에 일리가 있다는 결론을 내리게 되었다. 갑자기 세계 시장에 금이 넘쳐났다.

갑작스레 넘쳐난 금의 가격은 아주 빠른 속도로 떨어져, 납덩이보다도 싼 금이 시중에 넘쳐났다. 사람들은 아주 싼 값으로 금을 구했고, 그 금으로 온 몸을 치장했다. 그래도 넘쳐나는 금으로 접시를 만들고 포크를 만들었다. 심지어 자동차 외관을 금으로 치장하기까지 했다.

이젠 흔하디 흔한 게 금이었다. 납덩어리는 금을 만들면서 다량 소비된 탓에 오히려 납이 귀했다. 국제 납시장이 생겨났고, 납이 원화나 위안화를 대신하기도 하였다. 금본위제가 아닌 납본위제 시대가 도래한 것이다.

참으로 놀랍고도 획기적인 사건이었다.

인류 역사가 시작된 이래로 인간의 탐심을 상징하는 금에 대한 인식들이 한 순간에 무너져 내린 일대의 사건이었다. 무엇보다 인간 문명의 발달사라는 가속기는 탐욕으로 물든 인간의 사고와 지능을 과거로 회귀시켜버렸다.

아동실

새만금 방조제를 쌓기 위해 인근의 야산 수 개가 파헤쳐졌단다. 지금까지 파헤쳐진 것보다 더 많은 산들이 앞으로 새만금호에 들어가리라는 전망도 있다. 아파트를 짓는다고 공단을 조성한다고 도로를 낸다고, 산은 깎이고 강은 메워졌다.

산에는 태초에 형성된 세에 따라서 붙여진 이름이 있다. 용과 호랑이와 말과 거북이와 닭과 소 등. 용과 호랑이와 말과 거북이는 자신들이 파괴될 것을 두려워하면서 때론 인간을 향해 보복을 예고 하기도 한다. 인간의 이기심이 불러올 이들의 보복을 한번이라도 생각해 보았는가.

묵인이는 엄마를 떠나보낸 뒤로 할아버지를 찾는 횟수가 더 많아졌다. 친구들은 영어캠프니 스키캠프니 떠들썩하지만, 어찌된 일인지 방학이 시작되기가 무섭게 쪼르륵 할아버지 곁으로 달려가곤 하는 묵인이었다. 묵인이가 그러는 게, 산 속 외딴집에 홀로 사시는 할아버지가 안쓰러워서 그런 줄로만 생각하였다.

할아버지가 사시는 마을 이름은 아동실. 아동실은 원래 아독고모(兒犢顧母)실이었다. 아독고모실이 아독실로, 아독실이 다시 아동실로 불렀다. 할아버지는 마을 이름의 유래 뿐 아니라, 바람과 물과 산이 어우러져서 만들어 낸 기운으로 사람은 살아간다는 풍수 얘기도 빼놓지 않았다. 풍수 얘기에는 용이나 봉황, 그리고 사자나 호랑이, 소나 말과 학과 닭과 거북이가 등장했다.

묵인이는 할아버지의 풍수 얘기에 푹 빠져 있었다.

"할아버지, 아독고모가 무슨 뜻이죠?"

"옳거니, 아직은 한자의 깊은 뜻을 모르니 그럴 수밖에. 얘기해 주마. 아독고모에서 아(兒)는 어리다는 것이요 독(犢)은 송아지를 뜻한단다. 그러니 아독이라 함은 어린 송아지를 말하지. 그리고 뒤의 고모에서 고(顧)는 돌아보다 또는 보살피다라는 뜻이고, 모(母)는 너도 알다시피 어미라는 뜻 아니더냐."

"아, 그러니까 아독고모란 엄마소의 보살핌을 받는 어린 송아지라는 뜻이네요?"

"그렇지 그렇지. 네 아비보다 낫구나, 하하하."

"그런데 마을 이름을 왜 엄마소의 보살핌을 받는 송아지라고 했을까요?"

할아버지는 대답 대신에 묵인이를 자라뫼라고 하는 나직한 산으로 데리고 갔다. 자라뫼는 높지도 않은 게, 꼭 자라등짝처럼 생겼다. 자라뫼에 오르니, 아동실과 아동실을 둘러싸고 있는 크고 작은 산들이 눈앞에 펼쳐졌다.

"이 앞을 보면 금방 알 수 있을 게다."

"어! 정말, 마을이 송아지로 보여요."

"어디, 그것만이더냐. 저쪽을 보면 어미소의 콧등 같지 않더냐."

"네, 그러네요. 어린 송아지를 엄마소가 보살피고 있네요."

희열에 찬 묵인이는 다음 날도, 그 다음 날도 자라뫼를 찾았다. 자라뫼에서는 하루 종일 송아지와 어미소를 바라보았다.

애답지 않은 게, 어미가 없어 그런 거라며 애달아하시던 할아버지. 그래서인지 방학을 손꼽아 기다릴 정도로 할아버지는 묵인이를 보고 싶어 했다. 그런데 이번 방학만큼은 달랐다.

할아버지를 뵙고 온 아빠가 다음 방학 때에나 내려가는 게 어떻겠냐며, 묵인이를 만류했기 때문이다. 아빠와 함께 다녀 온 고모 역시 할아버지의 생각이 아빠와 같다며, 묵인이의 시골행을 말렸다. 아빠와 고모의 이런 말이 묵인이 귀에 들어올 리 없었다.

묵인이가 아동실 어귀에 도착한 것은 정오를 훨씬 넘겨서였다. 지난 방학 때와는 달리, 마을과 집에는 적지 않은 변화가 있었다. 우선 외양간이 텅 비어 있었다. 이에 앞서, 아동실로 들어오는 동구에는 빨강 포클레인과 불도저를 가로막는 플래카드가 눈에 띄었다. 머리에 띠를 두른 마을 아저씨 몇 분이서 플래카드를 등지고서 주저앉아 있었다. 왠지 불길했다.

할아버지의 표정도 어둡고 침울했다.

묵인이는 할아버지의 기분을 북돋으려고 다짜고짜 질문부터 하였다. 어귀의 불길한 장면이 궁금도 하고.

"할아버지, 어귀에 웬 불도저예요?"

"오느라 피곤할 게다. 어서 좀 쉬어라."

할아버지는 대답을 피하셨다. 활기차야할 집이 침묵속으로 깊게 잠겨져 있었다.

할아버지의 힘없는 시선을 좇는 묵인이의 눈꺼풀이 부르르 떨렸다. 그때서야 묵인이는 아빠와 고모가 시골행을 극구 만류한 이유를 짐작했다.

묵인이는 무릎을 꿇고 앉아서 꾸벅꾸벅 조는 어린 송아지를 김이 모락모락 하는 혀로 쓱쓱 핥는 어미소를 바라다보았다. 외양간은 쇠죽을 쑤고 난 잔불로 훈훈했다. 아기 속살처럼 고운 털 위로 파르무레 도드라진 핏줄로 엉켜진 커다란 눈가는 어미의 침으로 젖어 있었다.

시간 가는 줄 모르고 아기소를 지켜보던 묵인이 역시 어미소의 따뜻한 콧김에 쐬인 양, 앉아서 졸고 있었다. 얼마나 졸았을까, 갑자기 눈을 뜨게 한 건 쩌렁 쩌렁거리는 소리였다. 눈을 크게 뜨고서 두리번거렸으나, 어디서 나는 소린지 알 길이 없었다.

묵인이는 황급히 할아버지를 찾았다. 그러나 할아버지는 온데간데 없었다. 마을과 집은 아득하니, 마치 박물관에 전시돼 있는 작은 모형들 같았다. 첫날부터 이상한 일들이 잇달았다.

근심으로 가득한 묵인이는 자리를 뜨려고 일어섰다. 바로 그때, 바위 틈에서 납작한 자라 한 마리가 기어나오고 있었다. 나중에 알게 되었지만, 묵인이가 앉아 있는 곳은 다름 아닌 자라뫼였다.

묵인이는 납작한 자라를 보고서도 놀라지 않았다. 이 또한 이상했다.

"놀라지 않는구나."

자라의 목소리는 느렸지만 따스했다.

"묵인이라 했지?"

"예!"

"궁금한 게 많지? 궁금한 게 있거든 물어 보렴."

"자라 할아버지라고 해야 하나요?"

묵인이는 자기도 모르게 자라와 얘기를 나누고 있었다.

"허허허, 할아버지라고? 그렇지, 난 네 할아버지보다 훨씬 더 할아버지이니까, 허허허."

"쩌렁거리는 저 소린 뭐예요?"

"저 소린 사자 울음이란다."

"사자 울음요? 어귀에 있는 사자 말예요?"

"그렇단다."

"사자가 우는 까닭은요?"

자라는 지그시 눈을 감았다. 자라의 표정도 할아버지처럼 어두웠다.

"뭔가 곡절이 있군요?"

"음…."

"무슨 일이 있는 거지요?"

묵인이는 할아버지와 자라가 같은 문제로 고민하고 있을 거라고 확신하였다. 묵인이의 확신은 빗나가지 않았다.

"네 할아버지도 그럴 수밖에 없는 게, 우리처럼 산이란다."

"산이라니요?"

"너도 이미 산이 돼가고 있단다."

"내가 산이 돼가고 있다니요?"

자라는 더 이상 입을 열려고 하지 않았다. 묵인이도 알쏭달쏭한 얘기에 괘념치 않기로 하였다.

"사자가 왜 우는 지부터 말씀해주세요."

"네 할아버지가 이 얘기만은 안 한 게로구나. 얘기하기로 치자면 몇 날 며칠을 해도 끝이 안 날 얘기다만, 대강만 해주마."

"시간은 얼마든지. 말씀해 주세요."

"급하긴. 어귀의 사자 바로 옆은 학이란다."

"학이라니요? 사자 옆은 큰 도로잖아요."

"학이 있던 자리인데, 사람들이 도로로 만든 거란다."

"그랬군요."

"그리고 사자에 가려 보이지는 않지만, 사자 저 너머를 보렴."

소나무로 뒤덮인 산 능선 위로 흰 연기가 솟구치는 공장 굴뚝과 아파트 단지 일부가 보였다.

"산 너머는 공장인데요."

"이제는 이곳 지리를 훤히 꿰뚫는구나."

"설마! 저곳도 원래는 산이었다고 말씀하려는 건 아니시겠죠?"

"산이었다. 네가 세상에 나오기 전이었지. 사자 너머에는 물을 마시는 키가 큰 말이 있었단다."

"말이라고요? 그럼 그 말도 사람들이 파헤쳤나요?"

"그랬다. 다시 어귀를 보아라."

낮의 그 플래카드가 막고 있는 빨강 불도저와 포클레인이 선명했다. 순간, 침울해 하는 할아버지의 얼굴이 떠올랐다.

"사자가 울었던 적은 딱 한 번 있었단다. 하늘에서 불비가 내리고 땅이 갈라지려고 했을 때였지. 이때를 '태초' 라고 하지."

자라의 얘기는 계속되었다.

"살아 있는 거라고는 찾아볼 수 없는 아주 오랜 옛날이었지. 찬비가 수천만 년 내리고서야 오동나무 잎이 움트듯 뭇 생명들이 하나둘씩 만들어지던 태초에 모기와 박쥐가 먼저였고, 사람은 훨씬 뒤에 생겨났단다. 털이 많은 네 발 달린 원숭이나 다름없던 사람은 우리 품에서 자라났지. 그땐 참으로 온순하기 그지없던 이들이었다. 그러던 그들이 오만해지기 시작한 것은 두 발로 걸으면서였단다. 나머지 두 발은 세상을 움켜쥐기에 바빴지. 그래도 당시의 사람은 스스로를 낮추려는 노력을 많이 했단다. 네 발로 기던 때를 생각하면서 남은 두 발을 모으고 머리를 조아리기를 마다하지 않았었다."

"두 발로 모으다니요?"

"교회나 절에서 두 손을 모으고 기도하는 것처럼 말이다."

"아, 알겠어요. 그래서 사람들은 제사나 명절에 조상과 어른 앞에서 스스로를 낮추려고 두 손을 모아 절을 하는가보군요."

"허허, 벌써 산신령이 다 됐구나. 사람들의 스스로를 낮추려는 노력에도 불구하고, 또 한편 사람들의 오만함은 극에 달하였단다. 오만한 그들은 이 땅의 주인인양 행세를 했고, 종국에는 그들의 보금자리였던 우리까지 파헤치게 되었다. 이것이 화근이었단다. 그들 스스로가 재앙을 불러들인 셈이지. 앞으로 닥칠 재앙을 두려워한 사자가 저리 우는 것이란다."

"뭐라고요? 재앙이라고요?"

순간 자라는 온데간데없이 사라져버렸다. 전시관 모형과도 같던 집과 마을 또한 어느 순간에 사라져버렸다. 놀라움과 함께 커다란 충격에 휩싸인 묵인이는 앞으로 닥칠 재앙을 할아버지에게 알리기 위해 뛰었다.

갑자기 크르릉 크르릉, 하는 소리가 어귀에서 들려왔다. 불도저와 포클레인 소리였다.

"안 돼! 안 돼!"

묵인이는 불도저와 포크레인 앞에서 두 손을 마구 흔들어댔다.

"안 돼, 안 돼…."

땀에 젖은 이마를 바싹 마른 손바닥이 훑고 지나갔다.

"흉한 꿈을 꾸었구나."

눈을 떠보니, 할아버지 무릎이었다.

"감기 들겠다, 어서 방으로 들어가자."

그러나 묵인이는 들어갈 생각을 하지 않았다.

"할아버지! 어귀의 사자가 사라질 위기에 처했지요?"

묵인이의 갑작스런 질문이 힘겨웠던지, 할아버지의 두 눈은 지그시 감겨버렸다.

"이러고 있을 때가 아니잖아요."

"으흠! 얘야."

어귀로 달려가려는 묵인이를 꽉 붙잡고서 토하듯이 큰기침을 하시는 할아버지였다.

"으흠, 가봐야 소용없다. 그리고 거기 뿐이라면."

"예? 그럼, 아동실도요?"

"늦었다. 어귀 사람들은 이미 이사할 준비를 끝마쳤다는구나."

"하지만 송아지만은 안 돼요!"

묵인이의 눈은 눈물로 글썽였다. 글썽이는 묵인이 앞에서 그만 고개를 돌리고 마는 할아버지였다.

널 볼 낯이 없구나!

불도저와 포클레인은 노을빛을 받아 한층 더 붉어졌다. 붉은 빛은 아동실을 향해 올라올 기세였다.

"할아버지! 불도저가 이쪽으로 오고 있어요!"

"묵인아, 정신 차려라."

할아버지는 묵인이를 감싸 안으며, 어쩔 줄을 몰라 했다.

엄마소의 커다란 두 눈이 아동실을 응시했다. 할아버지는 붉게 물든 사자산에서 눈을 떼지 못하였다. 이때 묵인이는 엄마소를 올려다보았다. 그리고는 큰 소리로 외쳤다.

"엄마! 엄마! 앞으로 방학하면 어디로 가야 해?"

가야 해— 가야 해—

되돌아온 건 메아리뿐이었다. 그래도 온 힘을 다해 부르고 또 불렀다. 그런데 부르면 부를수록 메아리는 이상하게 들려왔다.

우모우— 우모우—

이 소리는 할아버지도 들었다.

처음에는 얼마 전에 내다 판 암소가 밥을 달라는 소리로 착각을 했었다. 산에서 나는 소리임을 확인한 할아버지는 엄마소를 향해 두 손을 모으고 땅에 머리를 댄 채 조아렸다. 묵인이도 할아버지를 따라 했다.

그 날 밤, 묵인이는 산울음 소리를 처음으로 들었다. 산이 소나 사자나 학처럼 운다는 것을 처음으로 알게 되었다.

신선대와 경무대

이 글은 평수를 위해 정리한 것이다.

평수는 신선대의 이상한(?) 종교 이야기를 좋아한 나머지 교무실까지 찾아와서 후속 이야기를 해달라고 조르던 아이였다.

겨울의 혹한기를 끝으로 온화한 기운이 감도는 새봄을 꿈꾸며 살아가는 이들이 있다. '시운기화유불선동서학합일대도대명다경대길유도갱정교화일심(時運氣和儒佛仙東西學合一大道大明多慶大吉儒道更定教化一心)' 이라는 스물여덟자로 된 종교다. 흔히, 갱정유도 도인으로 불리는 이들은 고창의 유점과 지리산 청학동 등지에서 세상과는 일정한 거리를 두면서 살아가고 있다.

한때 내변산 신선대에서 살았던 도인들이 스스로 고립된 삶을 자처한 배경이 궁금했는데, 나의 이런 궁금증은 몇 차례의 답사를 통해서 해갈되었다.

본 문은 답사를 통해서 얻은 타자의 기억을 정리한 것이다.

신선대를 가려면

내가 갱정유도 도인촌이던 부안 변산의 신선대를 찾아 나선 것은 1990년대 초반의 어느 이른 봄과 그 해 겨울이었다. 신선대에 들어가는 코스는 여러 개로, 그 해 봄에 나는 남여치에서 출발하여 월명암과 망포대를 거쳐서 들어갔다.

봄이 시작되는 내변산은 연초록으로 물들기 시작하면서 일대 장관을 연출한다. 산벚나무가 피워낸 흰 꽃들은 마치 연초록의 젖은 화폭에다 백색의 물감을 뚝뚝 떨어뜨려 번지게 하는 기법으로 피워낸 듯하다. 시간이 흐르면서 산벚꽃은 연분홍으로 변한다. 연분홍과 연초록으로 어우러진 내변산은 파스텔톤이 된다. 이러한 풍경은 신선대에 들어서면서 더욱 또렷해진다.

겨울의 신선대는 석포리에서부터 출발하였다.

눈이 없는 날을 택해 대소라는 고원 분지를 통해서 신선대로 들어갈 수 있었다. 대소라는 작은 마을에 닿으려면 기암을 넘어야 한다. 위험하기 짝이 없는 기암를 넘어서면 곧바로 대소다. 대소는 10여 호 되는, 역시 스스로 고립을 자처한 이들로 이루어진 촌락이었다.

대소를 가르는 개울을 따라 오르다 보면 돌연 장중한 산비탈을 만나게 된다. 숨이 목에 차오를 정도로 가파른 산비탈을 타고서 다다른 곳이 신선대다.

신선대 산정상부의 산비탈에는 일명 '독가촌'이라 불리는 집터들이 흩어져 있다. 홀로 독자 집 가자, 홀로 된 집들이라는 뜻이다. 이러한 집터는 내변산의 북재에까지 이어져 있다.

남여치나 석포리에서 출발하여 2시간은 족히 가야 닿는 신선대는 어느 코스이든 간에 도달하기가 쉽지 않다. 때문에 신선대는 외부와 완벽하게 단절돼 있는 셈이다. 외지인은 함부로 들어올 수 없는 이곳 신선대에서 도인들은 지상 선경 세계의 본을 만들어갔던 것이다.

내가 찾은 1990년대 초반의 신선대는 텅 비어 있었다. 그저 도인들이 약초를 재배하던 밭이라고 짐작되는 경사면에는 수풀들만이 무성했다. 더불어, 돌담으로 가옥을 만들어 살던 흔적들이 여기저기 흩어져 있었다.

대소의 어느 노인의 말에 의하면, 신선대에 도인들이 들어간 지는 지금으로부터 40여 년 전인 1954년경부터라고 한다. 한때 40여 호에 이르던 도인들이 신선대를 떠난 것은 1970년 말부터 1980년대 말까지였다.

우물로 보이는 구조물에는 '임자삼월이십칠일(壬子三月二十七日)' 이라는 음각 글씨가 아직도 남아 있어, 1972년까지는 적어도 이 우물물을 마셨을 도인들이 이곳 신선대에 거주했으리라 추정을 해보았다.

세소 아소세

대소의 노인에 의하면, 1970년대 두 번의 남파 무장공비 기습 사건이 신선대의 도인들을 다른 곳으로 이주하게 만들었다고 한다. 간첩이나 무장공비가 은신하고 접선할 수 있는 오지의 사람들을 세간으로 이주시킨다는 일명 '오지인 보호 정책' 은 신선대에서 도인들을 떠나게 했다는 것이다.

신선대를 떠난 도인들이 정착한 곳 역시 세상과는 일정한 간격을 둔 정읍의 입암산과 지리산 청학동 등이었다. 입암산에 정착해 있던 도인들은 또 다시 고창 신림의 한적한 곳에 '유점(儒点)'이라는 유토피아를 만들어 가고 있다. 그러나 입암산이나 유점은 신선대만큼 천혜의 조건을 두루 갖춘 땅은 분명 아니었다.

나는 신선대를 필두로, 도인들이 모여 산다는 곳을 연이어 답사하였다. 그러면서 이들 도인들의 역사를 어설프게나마 알 수 있었다. 신선대에 들어오기 이전의 도인들은 어디에서 지상 선경 세계를 도모하였을까.

우선, 도인들의 지도자인 영신당 강대성을 살펴보지 않을 수 없다. 영신당 강대성은 1929년 그의 나이 39세 때에 순창 승강산에서 득도하였다. 득도한 영신당은 세계의 모든 종교가 유교를 중심으로 뭉치게 될 것이라고 확신하였다. 이때 유교는 전래의 유도가 아닌, 유불선(儒佛仙)을 일심으로 하는 유도다.

도인들은 상투를 하고 청색 도포와 조끼를 고집하였다. 아이들은 댕기머리에 흰 옷을 입고 사서삼경을 읽는다. 전 근대의 도학자들이 하던 의·식·주를 따라 하면서 도학자들이 선호하던 책들을 읽었다. 그러나 도인들이 도학자의 후예들인지는 지금도 알 수 없다. 단지 도인들은 옛 도학자들의 정제된 삶과 단아한 풍모를 흠모하였던 듯하다.

1951년에는 도의 본부가 남원에서 김제군 광활면의 간척지로 옮겨졌다. 1953년에는 '수화기제(水火旣濟)'라는 태극기를 제작하여 광활 교단에 내걸기도 하였다. 이어, '시운기화유불선동서학합일대도대명다경대길유도갱정교화일심(時運氣和儒佛仙東西學合一大道大明多慶大吉儒道更定敎化一心)' 이라는 교명을 세상에 공포하였다. 스물여덟자의 교명을 줄여 '갱정유도' 라 하는데, 종래의 유도(儒道)를 갱정(更定. 바르게 고침을 뜻함)한다는 의미가 내포돼 있다.

동학에서는 선천 세계가 지나고 후천 세계가 오는 것을 '개벽' 이라고 한다. 갱정유도는 봄과 여름을 선천이요 가을과 겨울을 후천이라고 한다. 더불어, 지금은 후천의 혹한기이지만 온화한 기운이 감도는 선천인 새봄을 곧 맞이하게 될 것이며, 한국은 선천의 중심국이 되어 5천 년의 세계를 이끈다고 확신하였던 것이다.

한국전쟁이 끝난 직후에 영신당은 제자들에게 이렇게 말하였다.

"이승만 대통령과 면담을 주선하여라."

이 뿐만이 아니었다.

"미국 대통령을 비롯한 세계 만방의 대통령, 수상들과도 면담을 추진하라."

세계 만방의 책임 있는 대통령과 수상들에게 세계 평화를 일궈내는 방법을 알려주기 위한 영신당의 행동이었다. 영신당의 제자들은 여러 가지 방법을 동원하였지만, 대통령과 수상들과의 면담은 무산되고 말았다.

어쩔 수 없이 세계 평화를 일궈내는 방법이 비밀스럽게 담겨져 있는, 영어로 번역한 「해인경(海印經)」을 미국 대통령을 비롯한 세계 만방의 지도자들과 유엔 사무총장에게까지 발송하였다는 것이다.

'머지 않아 인류가 일심교(갱정유도의 다른 이름)의 교리에 의하여 하나로 통일되어야 한다' 라는 메시지를 추가로 유엔 총회에 보내기도 하였다는 것이다.

유엔은 갱정유도로부터 받은 메시지를 정부에 반송하였다. 미국 정부 역시 한국의 갱정유도가 어떤 단체인지 알아봐 달라는 공문을 한국 정부에 보냈다는 것이다.

한국 정부는 갱정유도의 메시지로 인해 한국이 국제적 망신을 샀다며, 영신당과 갱정유도를 전격 수사하기에 이르렀다. 유치하기 짝이 없는 메시지로 국가의 위신을 깎아 내렸다는 게 당시의 당국자들의 생각이었다.

세상 사람들은 언론에 발표된 도인들의 이러한 행동을 보면서 실소를 금치 못하였다. 세상은 도인들을 보면서 한바탕 실소를 금치 못하였고 도인들은 자신들을 보고 웃는 세상을 향해서 웃었다. 이것을 달리 표현하면 '세소(世笑) 아소세(我笑世)' 다.

경무대와 도인들

1948년에 처음 만들어진 대한민국 헌법에는 대통령을 국회에서 뽑는다고 돼 있었다.

2년 뒤인 1950년에 두 번째 총선거가 치러졌는데, 이승만에 비판적인 국회의원 상당수가 당선되었다. 재선이 불투명한 이승만은 한국전쟁 중에 피난처 부산에서 대통령 직선제 개헌을 시도하였다. 한번 더 대통령이 되기 위해서는 국민이 직접 선출하는 대통령 직선제 밖엔 다른 대안이 없다고 이승만은 판단하였던 것이다.

이승만은 직선제 개헌안에 반대하는 야당 의원들과 무소속 의원들을 공권력을 동원하여 위협하거나 납치하였다. 때로는 자신을 반대하는 이들을 공산주의자로 몰아세웠다.

폭압으로 대통령 직선제 개헌을 이뤄냈으나, 피란 시절의 부산에서의 대통령 직선제 개헌은 큰 의미를 둘 수 없는 정치적 행위였다.

당시 대한민국 헌법에는 대통령의 임기를 중임으로 한정해 놓았다. 중임이란 두 번 밖에는 대통령을 할 수 없다는 의미다.

1954년에 이승만은 '초대 대통령에 한하여 중임 제한을 없앤다' 는 사실상 대통령 종신제 개헌안을 국회에 제출하였다.

일명 대통령 종신제 개헌안이 통과하려면 국회의 재적 의원 203명 중 2/3 이상인 136명의 찬성이 있어야 한다. 그런데 국회의 표결 결과는 136명에서 1명이 모자란 135명이 앞의 개헌안에 찬성하였다. 따라서 대통령 중임 제한을 없앤 일명 대통령 종신제 개헌안은 부결 선언되었다. 2/3 이상이 안 돼, 개헌안의 국회 통과가 무산된 것이다.

이틀 뒤, 국회에서 희한한 일이 벌어졌다.

일명 대통령 종신제 개헌안을 국회에 상정했던 친 이승만 세력들이 '재적 의원의 2/3는 135.33명으로 0.33명은 자연인으로 존재할 수 없으므로 반도 안 되는 소수점 이하는 삭제하는 것이 옳다' 는 사사오입 논리를 가지고 나왔다.

즉 135명은 2/3 이상의 찬성으로 봐야 하며, 따라서 대통령 중임 제한을 없애는 개헌안은 가결된 것이라고 선언하였던 것이다. 이것이 일명 사사오입 개헌이다. 늙은 독재자의 탐욕스러움이 정점에 달한 모습이다.

속담에 방귀 뀐 자가 성 낸다고, 일명 대통령 종신제 개헌안을 괴상한 논리로 통과 선언한 이승만은 자신을 반대하는 정치인들을 더욱 더 심하게 탄압하였다. 자신에게 비판적이었던 「경향신문」의 폐간도 불사하였으며, 일명 신국가보안법을 만들어 진보당 당수 조봉암(호가 죽산. 평생을 항일 운동과 진보정당 활동을 벌인 독립운동가이자 정치인. 이승만 정부에서 초대 농림부 장관을 지내기도 함)을 간첩으로 몰아서 형장의 이슬로 사라지게 하였다.

사사오입 개헌이 있던 1954년은 영신당이 평화의 비결을 전해주기 위해 이승만 대통령을 비롯한 세계 만방의 지도자들에게 면담을 요청한 때이다.

당시 사사오입의 논리를 들어서 강제로 개헌안 통과를 선언한 이승만의 심경은 매우 곤두 서 있었을 것이다. 이때 소위 '대화 중흥국(大和中興國) 사건'이 발생한다.

1954년 봄, 서울에서 아시아 반공 대회가 열렸다. 이때 깃발을 든 도인들이 평화의 성인 영신당의 출세를 알리는 유인물을 반공 대회장에 살포하였다. 경찰은 유인물을 살포하는 도인 수십 명을 강제 연행하였다. 당국으로서는 도인들의 유인물 살포 사건을 심각하게 받아들인 것이다.

그렇지 않아도 끊임없이 대통령 면담을 요구하고 미국 대통령과 유엔 사무총장에게까지 메세지를 보내지 않나, 이승만 정부는 이들 도인들의 행태를 국가의 위신을 깎아내리게 한 '국제적 망신' 으로 간주하였다. 과연 국제적 망신을 초래한 이가 도인들이었던가? 아니면 이승만 자신이었던가!

1954년 초여름이었다.

50여 명의 무장 경찰이 김제 광활 본부를 급습하였다. 이때 영신당을 비롯한 도인들이 무장 경찰로부터 무자비한 구타를 당하였다. 그리고 57명의 도인이 경찰에 의해 연행되었다고 한다.

연행된 이들 가운데 영신당을 비롯한 핵심 도인 다섯 명이 구속되었다. 이것이 일명 대화 중흥국 사건이다. 영신당은 체포될 당시에 경찰로부터 당한 구타로 인해, 그 해 8월 16일에 타계하였다.

당국은 유인물의 '대화 중흥국' 이라는 내용을 '갱정유도가 국가를 전복하고 중흥국을 세우려고 한다' 라고 해석하였다. 그러나 중흥국이란 '삼강오륜(三綱五倫)과 인의예지(仁義禮智)의 인성(人性)을 밝히고 도덕 문명으로 정신 문화가 창달되면 우리나라가 만국 중의 중흥된 국가가 된다' 라는 의미였다. 이것을 당국은 국가 전복 기도로 해석했던 것이다.

영신당은 우리 민족이 중심이 되어 세계 평화를 유지해나갈 수 있으리라 확신하였다. 세계 평화의 출발점 역시 통일 한국에 있음을 강조하였다. 이러한 모든 것의 기초는 도덕성을 회복하고 물질 문명 중심의 이기적 사회에서 벗어나는 것이었음을, 영신당은 누누이 강조하였던 것이다.

영신당의 이와 같은 평화를 지키고자 하는 노력들을 권력과 세상은 비웃었다. 도인들은 세상의 웃음거리가 되었고, 당국은 '불온한 단체' 또는 '사이비' 라며 화풀이를 해댔다.

영신당 타계 이후에 광활 본부의 도인들은 각지로 뿔뿔이 흩어졌다. 그 일부가 내변산 신선대로 들어간 것이다. 국가 권력이 무서워 세간에서는 도저히 살아갈 자신이 없었던 도인들은 외부와 절연된 신선대로 흘러들어간 것이다.

흡사 길 잃은 강아지가 악동들의 막대기를 피해 뒷걸음질 치다가 나뭇벼늘 깊숙한 곳에 처박히듯이, 도인들 역시 권력의 폭력을 피해 내변산 깊숙한 곳으로 들어갔던 것이다. 그러나 그 곳에서도 마음을 편히 놓지 못하였다. 늘 군경의 감시가 뒤따랐기 때문이다.

평수에게 들려 준 후속 이야기

영신당 이후에도 세계 평화를 위한 도인들의 노력은 계속되었다. 1965년 6월 6일에는 전국 각지의 아관청의한 도인 500여 명이 서울에 집결하였다. 서울에 모인 영신당의 후예들은 네 개 항의 주장이 담긴 유인물을 서울 시민들에게 나눠주었다.

유인물의 내용 가운데 용공적인 부분이 있다고 판단한 경찰은 유인물을 압수하고, 도인들을 연행했다.

당초에는 유인물만 나누어주고 집회를 끝낼 예정이었지만, 경찰의 강제 연행이 잇따르자 도인 500여 명은 일제히 '단군창업조선독립만세(檀君創業朝鮮獨立萬歲)' 를 외치면서 정부 종합청사인 당시 중앙청으로 몰려갔다.

이때 도인들이 주장한 4개항은 이러하다.

첫째, 미국과 소련을 멀리하고 남과 북이 화합하자.

둘째, 민족 도의와 인의예지와 충효를 되살려야 통일이 되고, 진정한 독립을 이룰 수 있다.

셋째, 외국에서 들어온 오랑캐들의 망국의 풍을 없애고 우리의 도의와 민속을 회복하자.

넷째, 우리 길 우리 집을 마음대로 못가면 구름이나 물, 금수만도 못하니, 삼팔선을 없애야 한다. 그것을 위해서 우리는 남의 눈치를 보거나 남에게 의존하지 말고 우리의 정신을 되찾아야 한다.

이러한 내용은 최근 우리 사회의 진보 세력이 내세울 만한 주장들이다.

공회당

나의 고향 마을은 1970년대 새마을운동으로 그 외양이 크게 바뀌었다. 목재 한옥의 공회당 흙벽에 콘크리트를 치고 그 위에다 페인트칠을 한, 공회당은 한옥도 양옥도 아닌 어정쩡한 가옥으로 탈바꿈하였다.

새벽마다 공회당에서 흘러나오는 '새마을 노래'가 마을 사람들을 긴장시켰다.

새마을 지도자를 중심으로 새마을회와 새마을부녀회가 조직되었다. 애향청년단과 애향소년단은 일요일 아침이면 어김없이 마을 청소에 동원되었다. 특히, 새마을회는 하루가 멀다 하고 공회당에서 새마을 가꾸기를 위한 끝이 없을 것 같은 논의들을 하였다. 이러한 논의의 배경에는 황갈색 완장을 찬 공무원이 있었다. 황갈색 완장은 힘이었고, 완장 찬 공무원이 곧 질서였던 시절의 이야기다.

마을 사람들이 회의를 여는 동안에 공회당 빈터에는 닭들로 붐볐다. 덩치가 큰 긴꼬리수탉은 나의 관찰 대상이었다. 긴꼬리수탉은 휘하의 여러 닭들을 거느렸다. 인간을 제외하고는 공회당의 주인은 긴꼬리수탉이었다.

시간이 흐르면서 긴꼬리수탉은 어느 젊은 수탉의 도전에 직면하였다. 긴꼬리수탉의 운명은 어떻게 되었을까. 지금부터 내가 하고자 하는 얘기는 어느 탐욕스런 권력자의 말로와도 같은 긴꼬리수탉의 운명에 관한 것이다. 운명은 항상 끝이며, 사람은 그 끝을 거스를 수 없다.

새벽 하늘이 희뿜해졌다. 밤새 마당에 떨어진 나뭇잎들이 희미하게 드러났다. 인기척이 들리면서 방에 불이 켜졌다. 순간, 검푸른 하늘녘으로부터 새벽 공기를 찢는 듯한 나팔소리가 들려왔다.

꼬끼오—오 꼬끼오—오.

소리에 놀란, 한 평 남짓한 공간에 있던 이들은 일제히 고개를 뽑아 들었다. 그 가운데 쉼없이 눈을 번뜩이며 두리번거리는 이가 있었다. 그 인 다름 아닌 킹꼬리공이었다. 그냥 킹이라고도 하는데, 그의 긴 꼬리가 유별나서 붙은 이름이다.

킹은 소리의 정체를 알고 있었다. 그 정체를 알기에 잔뜩 긴장하고 있었던 것이다. 킹은 두리번거리다가도 쥐고 있던 횃대를 날카로운 발톱으로 몇 번씩이나 그어 내렸다.

끄륵끄륵…. 킹의 이런 모습에 놀란 노랑공이가 횃대 끄트머리로 옆걸음질쳤다. 먹둥가리의 몸이 부르르 떨렸다. 이러한 분위기가 사흘째 이어지고 있었다.

노랑공이와 먹둥가리가 이곳에 처음 왔을 때였다. 이들은 바지게 신세를 한 동안 지다가 이곳으로 넣어지게 되면서 어른이 돼 간다는 생각으로 즐거웠다. 어른이 돼 간다는 건 마음껏 자유를 누릴 수 있다는 의미이기도 했다.

이곳 생활은 바지게 생활에 비하면 더할 나위 없이 자유로웠다. 아침이면 마당 구석에 뿌려진 몇 줌의 모이 찾기에 분주하였지만. 몇 줌의 모이로는 허기를 다 채울 수가 없었다. 대신에 자유가 주어졌다. 이때의 자유란 울타리를 벗어나는 자유였다.

울타리 밖은 공회당이다. 공회당 빈터 후미진 곳 두엄자리는 허기를 채울 먹거리가 있었다.

무한 자유가 주어질 것같은 울타리 밖 공회당에서의 자유는 그러나 제한돼 있었다. 먹거리를 먼저 찾았다고 해서 마음대로 먹어치울 수 있는 자유는 주어지지 않았다. 이곳에서의 자유란 킹에 의해서 주어지는 자유였다.

이곳의 질서는 킹으로부터 시작되었다. 킹이 있기에 질서가 유지되었지만, 어쩌면 킹이 있어서 만들어진 질서인지도 몰랐다.

한 번은 먹둥가리가 제법 큰 먹거리를 찾은 적이 있었다. 이곳에서의 먹거리란 지렁이나 굼벵이 정도였다. 이때 붉두건이 먹둥가리의 먹거리를 잽싸게 낚아채더니, 뛰기 시작했다.

바로 그때, 굵고 강해 보이는 킹의 두 발이 붉두건 앞을 가로막았다. 얼음장 같은 킹의 눈빛에 붉두건은 그만 기가 질려버렸다.

먹거리는 땅에 떨어지기가 무섭게 퀸따스에 의해서 여러 개로 갈라졌다. 미련을 버리지 못한 붉두건이 그 중 한 토막을 물고서 쏜살처럼 내달았다. 순간, 땅에서 솟구치는 킹이 붉두건을 덮쳤다. 허공은 붉두건의 붉은 깃털로 산란스러웠다.

킹은 새로 들어온 어린 닭들을 보면 으레 교육부터 하였다. 걷는 것에서부터 뛰는 것과 먹이를 찾고, 그리고 나누는 것까지. 킹 대신에 암탉인 퀸따스가 교육을 맡기도 하였다. 새까맣지만 새하얀 알을 낳는 퀸따스는 무척이나 따뜻했다. 킹의 강인함과는 달리 퀸따스는 포근함과 자상함의 상징이었다.

퀸따스의 교육은 주로 안전에 관한 것이었다. 아무거나 주워 먹어서는 안 되며, 주인이 주는 것 외는 반드시 어른들께 여쭙고 나서 주워 먹도록 했다. 주인집 흰둥개는 걱정을 안 해도 되지만 울타리 밖의 검둥개는 가끔씩 주의를 해야 하며, 창공을 빙빙 선회하는 송골매보다 칠흑같은 어두운 밤에 쌍불을 켜고 닭장 안으로 스며드는 삵쾡이가 위험하다고, 누누이 강조하였다.

가끔씩 퀸따스 대신에 붉두건이 나타나 참견하기도 하였다. 붉은 볏이 한 쪽으로 늘어져서 흡사 붉은 두건 같다하여 붙은 이름 붉두건은 킹의 자리를 동경했다. 더러는 긴장을 자아내게 하는 행동을 취해보기도 하였으나, 아직은 킹을 능가하지 못했다.

교육이 끝나갈 무렵에는 킹으로부터 싸움에 관한 것을 배웠다. 차디 찬 기합 소리로 상대의 기부터 꺾어버리기, 부챗살처럼 목덜미의 깃을 펴고서 앞으로 돌진하기, 한 쪽 다리를 뒤로 젖트리면서 흙먼지 일으키기 등. 이어서 킹의 실전과도 같은 시범이 있었다.

킹의 굵고 긴 목이 뒤로 한껏 젖혀지더니 넓적한 토란잎에 구멍을 내기 시작했다. 토란잎사귀는 순식간에 작은 구멍들로 송송거렸다.

킹은 말했다. 자기처럼 공회당 처마에까지 솟구칠 수 있어야 진정한 용사가 될 수 있다고.

교육은 많은 궁금증을 해소해줬다. 그런데 한 가지 알 수 없는 게 하나 있었다. 동이 트면 어김없이 불어대는 나팔소리에 대해서 킹은 단 한 마디도 하지 않았다. 언젠가, 따라 불어보고 싶어 안달인 먹둥가리가 새벽녘에 들려오는 그 소리를 흉내 낸 적이 있었다. 바람처럼 나타난 킹의 차가운 눈빛이 먹둥가리를 쏘았다.

나흘째였다.

하늘을 찢는 듯한 나팔소리가 킹의 목이 아닌 희뭄해져가는 저 하늘 끝 모서리에서 또다시 들려왔다. 킹은 횃대에서 단 한 발짝도 움직이지 않았다. 그러던 킹이 나흘째 되던 늦은 오후에 횃대에서 떨어지듯 내려왔다. 이를 본 퀸따스가 달려왔다. 뒤를 낯선 그림자 하나가 따라붙었다. 그림자는 휘모리였다.

"퀸따스! 공회당 옆 청색 대문의 외눈박이야!"

이렇게 말한 이는 퀸따스의 사촌 휘모리였다. 킹은 어딘가를 응시하다말고 닭장 안으로 들어가버렸다.

그 날 밤, 킹의 눈은 잠시도 감기지 않았다.

닷새째였다.

어둠의 하늘에서 빛이라곤 전혀 느껴지지 않을 무렵이었다. 이때 킹이 홰를 칠 준비를 하였다. 킹은 나팔을 불기 위해서 목을 쭈욱 뽑아 올렸다. 뽑아 올린 목이 흐늘거렸다.

꼬끼오—오.

"영감, 우리 장닭좀 보오. 안 내던 소릴 다 내지 않나, 그런데 소리가 예전 같지가 않아요. 흉물이 될까 두렵소."

"그래도 울어주니, 고맙지 뭐요"

잔기침과 함께 주인 할머니의 못마땅해 하는 목소리가 밖에까지 새나왔다. 이때 킹의 눈은 반쯤 감겨져 있었다. 오랜만에 나팔소리를 뽑았던 목은 상한 자존심으로 한 동안 흐늘거렸다.

그날 아침, 노랑공이와 먹둥가리는 무서운 얘기를 붉두건으로부터 들었다. 언제 적인가, 공회당에서 무서운 싸움이 있었다고, 외눈박의 눈이 원래 외눈박이가 아니었다고, 외눈박이가 새벽마다 저리 나팔을 부는 것은 킹에게의 도전을 뜻하는 것이라고.

오후가 돼, 킹은 닭장을 나와 빠르게 울타리를 빠져나왔다. 킹의 뒷모습을 지켜 본 적잖은 이들은 킹의 걷는 모습이 예전 같지가 않다고 생각하였을 것이다.

킹이 멈춘 곳은 공회당 빈터였다.

킹은 서서히 목을 세웠다. 바로 앞에는 외눈박이의 두 다리가 땅에 박히듯이 서 있었다. 노랑공과 먹둥가리는 외눈박이를 처음 보았다. 반쯤 떨어져나간 볏에 한쪽 눈은 들었던 대로 새까만 점 하나만이 찍혀 있었다. 외눈박이의 남은 한쪽 눈은 불처럼 이글거렸다.

둘은 서로를 노려보면서 몇 바퀴를 돌았다.

공격을 먼저 취한 쪽은 킹이었다. 훈련할 때처럼 부챗살을 펴듯이 목털을 세우고서 앞으로 돌진하다가 멈칫하는 동작을 반복했다. 웬만한 상대는 머리를 돌리고서 꽁무니를 뺐을 터이지만, 외눈박이는 꿈쩍도 하지 않았다.

이런 기세 싸움은 그리 오래 가지 않았다. 공회당의 낡은 용마루 끝에 해가 걸리면서 싸움은 시작되었다. 먼저 외눈박이가 땅을 차며 공중으로 솟구쳤다. 킹도 함께 솟구쳤다. 짧은 햇살이 커다란 그림자 괴물을 만들었다.

외눈박이와 싸우기를 십여 차례.

킹이 갑자기 솟구치다말고 뒤로 나가떨어졌다. 외눈박이의 날카로운 발톱이 킹의 목덜미를 내리친 것이다. 킹이 비틀거리자 전에 킹이 그랬던 것처럼 외눈박이의 날카로운 발톱이 킹의 머리를 그어 내렸다.

킹의 머리에서 선명한 피가 튀었다.

갑작스레 일격을 당한 킹의 목이 뒤로 젖혀졌을 때 외눈박이는 전에 당했던 것을 모두 갚아주려는 듯, 단단한 부리로 킹의 한쪽 눈을 찍어버렸다. 순간, 모두의 눈은 감겨버렸다.

킹은 용사였다. 한 쪽 눈이 선혈로 잠겼는 데도 불구하고 한 치 물러섬이 없었다. 둘은 도랑물을 마셔가며 싸웠고, 지쳐 허공을 향해 뜨억뜨억 입을 벌리다가도 싸웠다. 마지막 힘을 내어 싸우기를 수 십여 차례. 킹의 깃털이 허공에서 흩날렸다. 외눈박이의 목덜미에서도 피가 보였다.

싸움은 서쪽 하늘이 붉게 물들면서 끝이 났다.

둘은 땅바닥에 주저앉아 입만 뜨억뜨억거렸다. 끈끈한 침이 실처럼 바람에 날렸다. 어둑발에 노랑공과 먹둥가리가 소리없이 닭장으로 향했다.

뒤늦게, 몹시 지친 킹의 무거운 몸이 닭장 문턱을 힘겹게 넘었다.

그 날 밤, 노랑공과 먹둥가리는 횃댈 놓쳐버린 킹을 보면서 어른이 된다는 게 얼마나 힘들며, 또 살아간다는 게 얼마나 비정한 것인지를 날이 새도록 곱씹었다.

다음 날, 새벽하늘은 어김없이 희붐해졌다. 불이 켜지고 신발 끄는 소리가 들렸다. 닭장 안에서는 인기척을 경계하는 소리가 이어졌다.

끄르륵 끄르륵….

모두들 뜬눈으로 밤을 새운 데다가 갑작스런 인기척에 놀란 것이다.

"어험, 이놈의 닭이 골아 떨어졌나. 어젠 안 하던 소릴 내더니만…."

삐걱 하는, 문이 열리는 소리가 들렸다. 소스라치게 놀란 닭들이 횃대 맨 끝으로 몰렸다.

이 때 횃대 밑바닥에 털이 뽑혀지고 머리와 볏에 피가 엉켜 붙은, 그러나 움직이지 않은 장탉이 희미하게 드러났다. 인기척은 화들짝 놀래는 표정을 지었다.

"임자! 어젯밤에 삵이란 놈이 왔다간 모양이구려, 에잉 쯧쯧."

바로 그 때, 새벽 하늘을 가르는 아주 당찬 나팔소리가 공회당 쪽에서 들려왔다.

꼬끼오–오 꼬끼오–오.

외눈박이가 자처우는 소리였다.

횃대 맨 끄트머리에는 암탉의 따스한 품안으로 파고드는, 아직은 채 어른이 되지 못한 두 마리의 닭이 방황하고 있었다.

쓴웃음

쓴웃음이란 기가 막히거나 어이가 없어서 웃는 웃음이다. 이번 이야기는 쓴웃음에 관한 것인데, 아직까지도 쓴웃음을 자아내게 하는 그 이야기를 나는 잊지 못한다.

이야기는 서울 인사동 거리에서 잡동사니 소품을 놓고 파는 어느 젊은 친구로부터 들었다. 지금은 인사동 거리에서 찾아 볼 수 없지만, 한때 그 친구는 스스로를 고소영이라고 하였다. 연예인을 연상케 하는 이름은 원래 이름인지 아니면 장난기어린 이름인지는 알 수가 없었다.

지나가다가 잠시 잠깐 고소영과 말동무하던 이들이 먼저 고소영이라는 이름에 대해 물었다. 쓴웃음을 머금고 있던 고소영은 이렇게 말하였다.

"쓸 고자 웃을 소자 영민할 영자를 따 고소영이라 하오."

이처럼 스스로를 고소영이라 한 데는 어떤 사연이나 곡절이 있을 것만 같았다. 약간의 술과 안주를 대접해드리면 그 어떤 속 깊은 얘기라도 술술 푼다는 소문을 익히 들었던 터, 인사동이 한가할 무렵에 나는 고소영이라는 친구를 주점으로 모셨다.

주점에서 듣게 된 그의 원래 이름은 경렬이었다. 지금부터 쓴웃음에 관한 경렬이의 가족사 일부를 여기에다 옮긴다.

경렬이 할아버지는 쥐를 싫어한다. 그래서 그런지 쥐를 보면 자꾸만 웃는다.

허 어.

즐거워서 웃는 게 아니다. 허 어, 하고 웃는 쓴웃음이다.

할아버지는 쥐를 볼 때마다 쓴웃음을 웃었다.

경렬이가 할아버지의 쓴웃음에 대해 의문을 갖게 된 것은 초등학교 6학년 때부터였다.

"할아버지, 왜 자꾸 쥐만 보면 그렇게 웃으세요?"

허 어.

대답 대신에 여전히 그 쓴웃음이었다.

경렬이는 동생 경아와 꾀를 내었다. 조금은 짓궂을지 모르지만, 쓴웃음의 비밀을 알아내기 위해서는 어쩔 수가 없었다.

마루에서 졸고 계시는 할아버지 곁으로 슬며시 다가간 것은 어느 날 오후. 경아는 입을 뾰족하게 하고 할아버지 귀에다 대고 소리를 내었다.

찌익찌익 찍찍찍….

순간, 할아버지의 희고 긴 눈썹이 굼틀거렸다. 이때였다. 할아버지 무릎 위로 시꺼먼 물체 하나가 떨어졌다. 경렬이가 한 짓이다. 눈을 끔적거리던 할아버지는 시선을 무릎으로 떨어뜨렸다.

순간 에이구야, 하시면서 무릎 위의 시꺼먼 물체를 털어내시는 할아버지였다. 옆에서 경렬이와 경아는 깔깔깔 웃어댔다. 털어 낸 것은 다름 아닌 장난감 쥐였다.

"이누움 자슥들!"

할아버지는 경렬이와 경아를 양팔로 한껏 껴안았다. 그러면서

"많이 컸구나. 이제 얘기해도 알아듣고도 남겠구나."

하시면서, 쓴웃음에 관한 얘기를 털어놓았다.

할아버지의 아버지, 그러니까 경렬이의 증조할아버지는 일제 강점기에 중국 상하이, 한커우, 충칭 등지를 옮겨 다니면서 독립운동을 하셨던 분이다. 증조할머니의 손을 잡고 중국 땅에서 온갖 고생을 했던 기억이 아직도 생생한 할아버지였다.

광복이 되어 귀국한 증조할아버지는 남과 북의 분단을 막겠다며 남북을 오가던 김구 선생의 통일 사업을 도와드렸다. 그러다가 분단을 획책하려는 자들에게 김구 선생이 암살 당한 이후로 낙향해, 일체 그 어떤 일에도 관여하지 않았다.

세월은 흐르고 흘러, 황군(일본 천황의 군대) 장교가 우리나라 대통령이 되었다. 이때, 기가 막히고 어이가 없다며 한탄만 하다가 몸져 누우신 증조할아버지는 두 달 만에, "쥐새끼 같은 놈!" 하면서 숨을 거두었다.

그때부터 경렬이 할아버지는 쥐를 보면 쓴웃음을 웃곤 하였다.

여기까지 들은 경렬이와 경아는 다시금 큰 의문에 빠져들었다. 우리나라의 대통령을 지낸 분이 쥐새끼라니? 그러나 이야기를 하다 말고 하늘만 쳐다보시는 할아버지에게 더 이상의 질문은 할 수가 없었다.

오랜만에 대가족이 모여 식사하던 어느 날, 할아버지의 건강이 예전 같지 않다는 삼촌의 말이 있고 나서, 할아버지의 이야기는 다시 시작되었다.

광복과 더불어 한반도는 강대국에 의해서 남북으로 갈라져버렸단다. 우리의 온전한 힘으로 이룩한 광복이 아니었기 때문이다. 분단은 남북의 대립을 낳았고, 종국에는 동포끼리 총부리를 겨누는 6·25라는 큰 전쟁을 불러일으켰다. 분단이 아니었더라면 우리 역사상 가장 잔인하고 불쌍한 이 전쟁은 일어나지 않았을 것이다.

미국과 소련과 중국이 전쟁에 개입했고, 휴전도 이들에 의해서 체결되었다. 휴전은 전쟁의 일시 중단일 뿐, 남북은 이전 시기보다도 더 날카롭게 대치하였다.

엎친데 덮친격으로, 대결과 긴장의 한반도에서는 독재의 싹이 무럭무럭 자라고 있었다. 독재자에게는 남북 간의 분단과 남북의 날카로운 대립이 곧 기회였다. 시민들이 민주주의를 외칠 때마다 독재자는 매번 이렇게 말하였다.

"북한이 있는 한 민주주의를 하자는 것은 공산화를 하자는 것과 마찬가지다."

더 나아가, "북으로 진격해서 무력 통일 달성하자" 라는 구호를 외치기도 하였다.

북한도 마찬가지였다. 자유롭게 생각하고 비판하는 사람들을 반동으로 몰아서 혹독한 탄압을 가했다.

남한에서는 참다못한 학생과 시민들이 교활한 독재자를 내쫓기에 이르렀다. 독재자가 없는 세상은 자유로움으로 금세 행복해질 것만 같았다. 공정하고 깨끗한 선거를 통해서 의원 내각제를 골격으로 하는 헌법이 마련되었으며, 마련된 헌법에 의거해서 민주주의 정부가 수립되었다. 자유롭게 의견을 제시하거나 정부 정책에 대해 자유롭게 비판하는 신문이나 잡지도 생겨났다.

그런데 민주주의가 혼란으로 보이는 또 다른 독재자가 권력을 쥘 기회를 엿보고 있었다. 또 다른 독재자는 다름 아닌 대일본 제국의 황군 장교를 지냈던 이었다.

할아버지의 이야기는 계속되었다.

광복 직후에 점령군으로 38도선 이남으로 들어온 미군은 남한의 공산화를 우려해, 청산해야할 조선총독부 관리와 경찰 등 친일파들에게 남한의 행정과 치안을 맡겨버렸다. 독립운동가를 잡아다 가두고 우리말과 우리글을 쓰지 못하도록 한 자들에게 또 다시 겨레의 운명이 맡겨진 것이다.

쥐와 같다는 그 자도 일본 황군 장교였다가 광복을 맞이했다.

광복을 맞이한 정국은 매우 혼란스러웠다. 혼란 속에서 더욱 더 민첩해진 황군 장교는 공산주의자들이 만든 국군 내부의 남로당(남조선노동당) 지도자였다. 이어, 대한민국 정부가 수립되면서 다급하게 조직된 국군에도 입대하였다.

일제 강점기에 공산주의자들은 일제와 타협을 거부하며 독립운동을 펼쳤지만, 남북이 분단된 뒤로는 한반도를 공산화 하기 위해서 심혈을 기울였다. 이때 남한 단독으로 정부를 수립하려는 움직임에 반대해 일어난 제주 4·3 봉기를 진압하라는 국군 지휘부의 명령을 어기고서 반란을 일으키니, 이것이 10·19여순 사건이다. 여수와 순천에 주둔한 국군 내부의 남로당 세력이 일으킨 반란이었다.

반란은 곧바로 진압되었다. 친형과 함께 체포되었다가 남로당의 중요 정보를 제공하고서야 가까스로 무기 징역형을 선고 받았던(?) 황군 장교는 형장의 이슬로 사라진 친형과는 달리 무사했다는 것이다.

구사일생으로 살아난 황군 장교는 6·25전쟁(한국전쟁이라고도 함)이 일어나자 대한민국 국군의 일원으로서 북한의 공산군과 전투를 벌였다.

허 어.

여기까지 말하던 할아버지는 그 자의 천성이 꼭 쥐와 같다며, 쓴웃음을 웃었다. 그러면서 이야기를 계속 이어나갔다.

휴전으로 총성과 포성은 멎었다. 그리고 십 몇 년이 흐른 어느 4월. 임금님처럼 군림하려던 독재자를 학생과 시민이 내쫓았다. 기회는 시민에게도 왔지만 황군 장교에게도 왔다.

독재자를 내쫓은 학생과 시민들은 민주주의의 꽃이 피었다며 환호하였다. 그러나 환호성이 채 끝나기도 전에 난데없는 군홧발이 민주주의 꽃밭을 잔인하게 짓밟아버렸다. 이는 황군 장교였던 그 자가 군대를 이끌고서 벌인 쿠데타였다.

총으로 권력을 거머쥔 황군 장교는 공산주의를 극도로 싫어하는 미국의 눈치를 보지 않을 수 없었다. 한때 남로당 지도자로서 공산 반란과 연루된 적이 있는 황군 장교였기 때문이다.

황군 장교는 재빠르게 반공(공산주의에 반대함)을 나라를 다스리는 제일의 방침으로 삼겠다며, 이를 대내외에 천명하였다. 당시 황군 장교는 자신을 의심하던 미국을 의식하지 않을 수 없었던 것이다.

한편, 황군 장교는 민주주의를 주창하는 사람까지도 공산주의자라며, 탄압을 가했다. 이 같은 엉터리 같은 통치를 비판하는 사람까지도 감옥에 집어 넣었다.

황군 장교의 탐욕스러움은 끝이 없었다. 대통령을 그만 둬야 할 때가 되었음에도 살아 있는 동안에 백성 위에서 군림하는 임금님이 되려고 헌법을 함부로 고쳤다. 고친 헌법 속에는 '헌법 위에 군림하는 절대 권력을 용인한다' 는 내용까지 들어 있었다. 이것이 바로 '긴급조치' 다.

황군 장교에 의해 고쳐진 헌법은 반칙을 옹호하고 있었다. 반칙을 일삼는 황군 장교는 반칙을 비판하는 사람조차 긴급조치에 의거하여 잡아다가 무자비한 고문을 가했다. 고문이 가해지면 멀쩡한 사람도 간첩이 돼버렸다.

할아버지는 항일 운동가들을 토벌하던 파렴치한이 뭐든 못하겠느냐며, 솟구치는 격정을 누르지 못하였다.

"할아버지, 세상이 다 그런 거 아녀요?"

경렬이의 질문은 당차기가 이를 데가 없었다.

"허, 오달진 녀석 보라지."

"옛날은 물론이고, 요즘도 힘있고 영리한 자들이 많은 것을 오랫동안 차지하지 않나요?"

"꼭 그렇다고는 할 수 없다."

"학교에서 약육강식 적자생존을 배웠는데요."

"그게 뭔데?"

할아버지는 넌지시 물었다.

"변화하는 환경에 잘 적응하는 강한 자만이 살아남을 수 있다는 자연 법칙 말예요."

"그렇다면 이 할애비가 묻겠다. 넌 짐승, 아니 쥐냐 사람이냐?"

할아버지는 짐승이라는 말 대신에 쥐를 들어 물었다. 그야말로 할아버지와 쥐는 악연이었다.

"그야 전 사람이지요."

"그렇지, 넌 사람이지. 그렇다면 사람과 쥐는 같냐 다르냐?"

"그야 쥐하고는 다르지요."

곁에 있던 경아는 뭐가 뭔지 모르겠다는 표정이었지만, 경렬이는 할아버지와의 이런 대화가 흥미진진할 뿐이었다.

"세상은 네 말대로 영리하고 힘 있는 자가 오랫동안 많은 것을 지배해온 게 사실이란다. 그러나 많은 것을 지배한 이들은 한편으로 탐욕스럽다고도 할 수 있지. 하지만 세상에는 탐욕을 부끄럽게 여기는 이들도 많단다. 어쩌면 탐욕스런 자보다는 탐욕을 부끄럽게 여기는 이들이 더 많기에, 사회는 유지되고 발전하는 거란다. 그런데 말이다, 어디 쥐가 자신의 탐욕을 부끄러워나 하겠니?"

"아, 아뇨."

경렬이는 할아버지의 묻는 말에 매우 혼란스러워 했다.

"그렇지, 바로 그거다. 탐욕보다는 양보와 배려, 겸양과 사랑을 더 많이 간직해야 사람이라 할 수 있단다. 그런데 반칙으로 대통령이 된 것을 두고서 부당하다고 말하는 사람을 잡아 가두고, 교활한 술수로써 권력을 유지하려는 독재자는 탐욕스런 쥐와 크게 다르지 않단다."

경렬이는 고개를 갸웃거리면서도 할아버지의 이 말에 수긍하지 않을 수 없었다.

"그, 그러네요. 쥐와 다를 게 없네요"

"그래서 이 할애비는 쥐를 보면 그 독재자가 떠오르고, 그럴 때면 안 웃고는 못 배기는 버릇이 생긴 거란다."

여전히 쥐만 보면 쓴웃음을 웃곤 하던 경렬이 할아버지는 그 해 10월에 타계하셨다. 그때부터 경렬인 쥐를 보면 할아버지처럼 웃는다고 했다.

허 어.

경아도 무슨 영문인지 모른 채 따라 웃었다.

그런 경렬이가 생계 문제로 거리에 나앉게 되기까지의 우여곡절을 여기에서 다 말할 필요는 없다. 단지 독립 유공자의 가족이 이처럼 실성한 것처럼 살아가는 현실에서 비정함을 느꼈다.

독립운동과 정반대에 섰던 이름난(?) 가문의 이들과 비교하면서, 우리 사회는 아직도 이율배반에서 멀리 떨어져 있지 않다는 것을 떠올렸다. 그 순간, 무서움이 엄습하였다.

국어선생님 두 분

나른한 5교시 수업에 아이들에게 재밌는 잡담은 필수다.

아이들이 조르기 전에 준비한 얘기를 꺼낼 수 있어야 진정한 '5교시 수업'이라 할 수 있겠다. 나의 준비된 얘기들은 주로 자전적인 것들이다. 그래서 내가 할 수 있는 얘기는 정작 많지가 않다.

나의 학창 시절이나 학창 시절의 선생님들에 관한 기억은 잡담의 주요 메뉴다. 나의 고등학교 시절은 1980년 5월이 절정기였다. 이때 국어선생님 두 분이 아니었다면, 어쩌면 나는 세상을 바르게 보고 바르게 판단하는 눈과 귀를 갖지 못했을 것이다.

두 분의 국어선생님은 둘 다 성이 이(李)씨였다.

나의 학창 시절의 절정기는 고2 때였고, 고2는 1980년을 가득 채우고 남았다. 비록 고등학생이었지만 광주에서 어떤 일이 일어났었는지는 대충 짐작들 하고 있던 터였다.

신문도 방송도 통제된 시절이었던 만큼, 그것들을 통해서 광주의 사정을 정확히 안다는 것은 거의 불가능하였다. 언론 매체를 통하면 알 수 있다고 쳐도, 언론 매체라고는 마을 이장 앞으로 배달되는 「서울신문」 따위가 전부였다.

라디오가 있긴 했지만, 그것 역시 가급적 광주 얘기를 회피하는 분위기였다. 간간이 광주의 사정을 얘기하는 마을 사람들이 있긴 했다. 지금 생각해보건대, 그들의 얘기 역시 당시 신군부 세력에 의해서 통제되고 왜곡된 일부 보도 내용을 가지고 살을 붙여서 만든 추측에 불과했다.

난 의심이 많은 편이었다. 또한, 내 또래 아이들과는 달리 정치적인 뉴스나 이런 유의 소문에 특히 관심이 많았다. 정치적인 얘기를 접할 때마다 나의 흥미는 배가되고, 더 자세히 알려고 하는 욕구도 솟구쳤다. 이런 건 아무래도 나의 성향인 듯하다.

어쨌든, 당시 우리는 광주에서 어떤 일이 일어났는지를 알았다기보다는, 광주에서 어떤 일이 일어났을 거라는 추측 정도를 하였다. 그러나 우리의 추측은 마을 사람들의 그것과는 달랐다. 적어도 선생님들의 울분을 절제하는 듯한 토로를 바탕으로 한 것이었기 때문이다.

지금부터 1980년에 수업 시간이면 울분을 토로하면서 시국을 한탄했던 두 분의 국어선생님에 관한 얘기를 하고자 한다.

1979년 늦은 어느 가을날로 돌아가 보자.

아침 세수를 하는데, 서리가 내려서인지 물이 몹시 차가웠다. 그때, 라디오에서 정규 방송이 아닌 장송곡이 흘러 나온다고, 가족들 중에 누군가가 말했다.

학교에 들어서니, 박정희 대통령이 서거했다는 얘기를 삼삼오오 모인 아이들이 서로 주고받고 있었다. 서거 소식을 듣자마자 대성통곡했다는 할머니를 얘기하기도 하였다.

첫 시간이 국어 시간이었다.

이(李)선생님은 미소를 머금은 채 이런 말을 하였다.

"참, 그렇게 가실 분이 쯧쯧. 슬프다, 슬퍼."

평소 이선생님의 성향으로 보아 믿기지 않는, 그런 말이었다. 슬프다니, 이선생님답지가 않아서 우린 의아해 했다. 박정희 대통령으로 말미암아 나라 경제가 크게 번성하였다는 얘기는 숱하게 듣고 읽어서 잘 알고 있었다. 반면에, 대통령의 탐욕스러움을 이선생님으로부터 처음 들어 알게 되었으니, 우린 의아해 하지 않을 수 없었다.

그런 분의 그 다음 말이 가관이었다.

"그런 분이 돌아가셨다는 말에, 난 말이야 얼마나 울었는지 몰라."

이 말 또한 도저히 믿기지 않았다. 대통령의 음란하고도 문란한 사생활이 국제 문제로 비화돼, 나라 망신을 시켰다는 얘기를 이선생님으로부터 들어 알게 되었으니 말이다. 그런데 그 다음 말을 듣고서야 이선생님의 아까 그 태도를 수긍할 수 있었다.

"그 분 때문에 많은 사람이 고문을 당하고 그리고 죽어갔던 것을 생각하면, 난 말이야 슬퍼져."

이러시는 게 아닌가.

그럼 그렇지, 하고 우리는 탄식을 자아냈다.

그 뒤로, 우린 이선생님의 그 말을 흉내 내기에 바빴다.

난 말이야, 슬퍼져!

1980년, 우리 학교에는 교련선생님 두 분이 계셨다. 두 분은 교련 검열을 준비한다는 명목으로 매주 토요일이면 우리를 운동장으로 내몰았다. 우린 두 분의 교련선생님이 말하는 '연병장' 에서 오후 늦게까지 군대식 훈련을 강요 받았다.

제식 훈련이다, 사열이다, 총검술이다, 소총 분해다 뭐다, 우린 군인이 돼가고 있었다. 매일 등굣길의 멸공방첩이라는 구호와 깃발을 내세운 멸공소년단 행렬은 이미 초등학교 때의 일이다. 고등학교에서는 살상 무기를 다루었고, 이를 가지고서 훈련하였다.

학교 교직원 사회에서 두 분의 교련선생님의 영향력은 막강했다. 힘없는 선생님들은 "제길, 오늘도 훈련이야?" 하며, 아이들에게 은근슬쩍 확인을 하곤 하였다.

"예" 하고 대답하면, "그런 게 어딨어! 아예 학교를 군대로 만들어버리지!" 라고, 작은 목소리로 화를 삭이곤 하였다.

지금 생각하면, 비굴했던 당신들 스스로를 향한 불만인 듯싶었다. 그러나 이선생님은 달랐다. 교련선생님이 있건 없건 간에 군사 문화에 대한 불만을 토로하곤 하였다.

훈련은 3학년 학도호국단 간부들이 주도하였다. 한번은 학도호국단 간부 하나가 몽둥이로 후배 학생을 내리치는 걸 이선생님이 본 것이다. 이선생님은 그 즉시 간부 학생을 불러다 세우더니,

"얀마, 네가 뭔데 팸마! 여기가 군대얀마!"

하면서 뺨을 서너 차례 부쳐댔다.

사열대에 서서 훈련하던 모습을 흡족히 바라보던 교련선생님 한 분이 이선생님에게로 달려왔다.

"어이, 이선생, 지금 뭐하는 짓이야!"

교련선생님은 반말 투로 이선생님을 막아섰다.

이때 이선생님은,

"교련선생님, 지금 학교가 군대 훈련소지 어디 학굡니까! 훈련소에서도 이렇게 패질 않아요. 몽둥이질을 선생님이 허락하셨어요? 그렇다면 선생님이 문제에요."

하면서 달려들었다.

젊디젊은 이선생님은 훨씬 연상인 듯한 교련선생님을 몰아붙였다. 이를 보면서 우린 속으로 쾌재를 불렀다. 그때부터 나는 이선생님을 존경했다. 나뿐 아니라, 대부분의 아이들은 이선생님의 용기와 정의감에 매료되었다.

이선생님 역시 ROTC 장교 출신이었음에도 군사 문화에 반기를 들었다는 점이 우리에게 매혹적이었던 것 같다. 같은 장교 출신으로서 이선생님은 학생 편에 서서 군사 문화에 저항을 하였던 것이다.

1980년 5월 하순, 계엄군 특히 공수특전대가 광주를 완전 장악하였다. 그 뒤로 전국의 입이 사천오백만여 개였으나, 어느 입 하나 벙긋하지 않았다. 오로지 이선생님의 입만이 살아있는 듯했다.

이선생님은 수업 시간이면 죽은 박정희 대신 산 전두환·노태우 얘기를 꺼내들었다. 때로는 시를 통해서, 때로는 직설 화법으로 권력욕에 눈이 먼 군인들을 신랄하게 비난하였다. 이 때문인지, 학생들이 동요하기 시작했다. 이것은 순전히 내 느낌이었다.

일부 의식 있는 학도호국단 간부들은 스크럼을 짜고 시내로 진출한다는 계획까지 세웠다는 것이다. 물론, 은밀하게 들려오는 소문에 불과했다.

그로부터 얼마 안 돼, 이선생님이 보이지 않았다. 수업 시간이면 신군부를 은연중 비판했던 여느 선생님들의 입도 굳게 닫혀버렸다. 이선생님의 근황을 물어도 여느 선생님들은 대답하기를 꺼렸다.

아무도 입을 열려고 하지 않던, 어느 누구도 이선생님에 대해 얘기하려고 하지 않던 때였다. 하지만 이러한 침묵은 그리 오래 가지 못하리라는 것을 우린 잘 알고 있었다. 얼마 안 있으면 곧 알게 되리라, 의심치 않았다. 왜냐하면 정의로운 국어선생님 또 한 분이 계셨기 때문이다. 우리의 추측대로, 침묵은 그리 오래 가지 않았다.

또 한 분의 국어선생님이 계시다고 앞에서 언급하였다.

바로 그 선생님께서,

"제길, 왜 이선생님이 삼청교육대에 가야 돼, 씨!"

하면서 울분을 토해냈다.

우리는 이선생님이 아주 어려운 곳에서 심한 고생을 하신다는 것을 어렴풋이 알게 되었다.

또 한 분의 국어선생님은 거구에다 말과 행동이 거칠기가 짝이 없었다. 이선생님이 삼청교육대에 가던 그 해에 「동아일보」 신춘문예를 통해서 등단한 소설가이기도 한 또 다른 이선생님은 공수특전단 출신이었다. 한번은 공수특전단이 어떻게 훈련을 받는 지를 자세하게 얘기해줬다.

"공수특전단의 훈련은 사람을 죽이는 것을 최상의 목표로 삼는다. 특전사 요원 그 자체가 살인 병장기인 셈이다"

라고, 비장한 어조로 얘기하였다. 그러면서 그런 살인 병장기를 광주에 투입한 것 자체가 시민을 학살하겠다는 의도가 아니고 뭣이겠느냐며, 울분을 토로하였다.

또 다른 이선생님이 울분을 토로한 건 이선생님이 삼청교육대에 끌려갔다는 것 때문만은 아니었다. 언젠가 칠판에다 시를 썼는데, 그 시를 공책에다 베낀 아이 하나가 형사인 자기 아버지에게 갖다 주면서 문제가 발생하였다.

공안 기관에서는 당장 또 다른 이선생님을 소환, 조사하였다. 말과 글을 함부로 발하는 날에는 누구든 소환되었던, 그런 시절이었다.

학교가 심상치 않게 돌아가자 교장선생님이 관련 기관을 찾아가서 선처를 부탁했다고 한다. 한 학교에서 교사 둘을 삼청교육대에 보낼 순 없다고 교장선생님은 판단한 것이다. 물론 이러한 얘기는 은밀하게 떠도는 소문에다가 우리의 추측이 보태진 것들이다.

소환 조사가 있은 지 며칠 안 돼, 또 다른 이선생님은 물에 젖은 빨랫감처럼 풀이 죽어 나타나셨다.

우리 앞에서 상기된 얼굴을 굳이 숨기려 하지 않은 선생님은 "나는 비겁자야. 이선생님에게 할 말이 없군." 하시는 게 아닌가.

그러면서 자신은 기관에 끌려가서 다시는 학생들에게 의식화 교육을 하지 않겠노라고 침묵하겠노라고 자필로 자술서를 쓰고서 풀려 나온 비겁자라며, 울먹였다.

그 뒤로 학교는 정말 조용해졌다. 수업을 하는 선생님의 목소리, 쉬는 시간이면 아이들의 떠드는 소리, 매주 토요일의 교련 사열을 준비하는 구령 소리 뿐.

침묵은 그리 오래 가지 않는다는, 그런 얘기들도 더 이상은 하지 않았다. 어느 누구도 이번 침묵 건에 대해서는 자신 있어 하지 않았다. 간혹, 사회선생님과 국사선생님의 한숨 어린 탄식에서 광주의 실상과 현 정국의 경직됨을 읽을 수 있었다.

또 다른 이선생님은 경찰의 소환 조사 이후로는 줄곧 글쓰는 데에만 전념했던 것 같다. 수업 도중에 가끔씩 당신이 쓴 원고를 스스로 읽으면서 교정을 보았다. 선생님이 쓰신 작품을 듣는다는 건 어쨌거나 나로서는 큰 행운이었다. 이러한 시간은 학창 시절의 내게 있어서 가장 황홀했던 시간이 아니었나 싶다.

그 해 12월이던가. 또 다른 이선생님은 「동아일보」 신춘문예에 한국전쟁을 소재로 한 '흉터'라는 단편 소설을 내어 입선하였다. 그리고 6월항쟁이 있은 다음 해인 1988년에는 한국전쟁과 광주를 소재로 한 「남으로 가는 헬리콥터」라는 단편집을 출간하였다.

침묵은 시간의 문제이지 결국은 깨지게 된다는 것을 다시금 확인하는 순간이었다.

아웃사이더

대자보, 전조, 주동자, 꽃병, 사과탄, 지랄탄, 페퍼포그, 백골단, 짭새 등의 뜻을 아는가? 1987년 6월은 이렇듯 알듯 모를듯 하는 수많은 은어들로 가득하였다. 은어들로 가득한 세상은 나로 하여금 한때 방관자로 눌러 앉게 하였다. 은어를 모르니 통하지 않았고, 통할 수 없으니 운동권과는 한 통속이 될 수 없었다.

지금부터 하는 이야기는 1987년 6월, 참여의 대열 앞에 선 아웃사이더들의 웃지 못할 이야기이다.

1987년 새 학기가 시작되어 산발적이던 대학가의 데모는 5월로 접어들면서 잦아졌다. 광주를 피로 물들게 했던 군부 독재자가 대통령 간선제를 골자로 한, 당시로서는 반민주적인 헌법을 수호하겠다는 선언을 했기 때문이다.

학구열이 넘쳤던 나는 중앙도서관에 자리를 잡고서, 될 수 있으면 밖으로는 나가지 않겠노라고 다짐을 하였다. 데모대에 끼이게 되면 어느 순간에 경찰로부터 수모를 당할 수 있었다. 또한 데모에 빠져들면 공부할 시간과 열정을 잃을 것 같아서였다.

가난 속에서 대학을 보내준 부모님을 의식하지 않을 수 없었기에,

될 수 있으면 데모와는 거리를 두려고 하였다. 그러나 무엇보다 나를 도서관에 묶어놓았던 건 다름 아닌 은어들이었다. 운동권과 함께 하려면 운동권에서 통용되는 은어들을 알아야만 했다. 이처럼 은어와 운동과의 상관성은 순전히 당시 나의 생각이었다. 은어를 알아야 운동권과 소통할 수 있다는 생각 말이다.

어느 날 오후, 콩 볶는 듯한 소리와 함께 캠퍼스는 아수라장이 돼버렸다. 수백 개의 군홧발 소리가 도서관 1층 현관에서 들려왔고, 동시에 최루가스가 자욱하니 피어올랐다.

땀에 전 학생들은 손수건으로 입을 틀어막고서 2층으로 통하는 계단 통로에다 책걸상 바리게이트를 쳤다. 도서관은 순식간에 전쟁터로 변해버렸다. 나는 공부를 하다 말고 도서관 옥상으로 긴급히 올라갔다.

학생과 경찰은 이렇듯 한 시간 가량을 대치하였다. 경찰이 먼저 철수하자, 시위대는 또다시 삼삼오오 노래를 부르고 구호를 외치면서 군중을 끌어 모았다.

경찰의 도서관 난입으로 시위대는 투쟁 수위를 한 단계 높일 수 있었다. 시위대는 정문에서 경찰과 대치하면서 경찰의 도서관 난입 사건을 경찰서장이 직접 나서서 사과하고 관련자를 문책하라고, 경찰을 향해 연일 포문을 열었다.

경찰의 중앙도서관 난입 사건이 있은 뒤로 나는 거의 매일 옥상에서 서성거렸다. 옥상에서의 나는 공부하는 시간보다 더 많은 시간을 녹화하듯이 시위 상황을 살폈다. 그리고 정국을 관망하였다.

지금 생각해보니, 치열한 공방이 계속되는 속에서 책이나 보는 게 한편 죄스럽기도 하였지만, 점점 뜨거워지는 내 가슴을 주체할 길이 없어서 그나마 관망하였던 것 같다. 가끔은 옥상에서 내려와 벽보인 대자보를 읽거나, 삐(땅에 떨어진 성명서나 선전 유인물) 등을 주워 읽었다.

시위와 진압은 반복되었고, 반복되는 공방이 요식 행위처럼 느껴지던 때였다. 시위대가 거리로 진출하려고 하면 경찰은 어김없이 최루탄을 쏘아주었고, 거리로 나갈 의사가 없는 데에도 길을 터 달라고 요구하는 시위대는 결국 독한 최루가스 냄새를 맡고서야 전의를 불태우는 듯했다.

화염병을 든 전조가 달려나갔고, 이어서 방패막이 바로 앞에서 큰 불길이 일었다. 움찔 물러나는 방패막이를 향해 이번에는 쇠파이프조가 쇠파이프를 내리쳤다. 이때 사과탄 수십 개가 시위대 속에 떨어졌다. 동시에 사복 차림의 흰 운동화에 헬멧 쓴 일명 백골단이 고함을 내지르며 시위대를 압박하였다.

경찰의 압박에 쇠파이프도 화염병도 줄행랑을 쳤다. 시위대 뒤에서 관망하던 군중들 역시 일거에 흩어졌다. 이때 어김없는 군홧발 소리가 캠퍼스 여기저기에서 휘몰아쳤다. 이러한 공방은 서로 약속이나 한 듯이 연일 계속되었다. 이렇듯 공방하는 동안에도 정국에 변화의 낌새는 없었다.

6월 들어서 전교생은 하루도 빠짐없이 중앙도서관 뒤 민주광장에 집결하였다. 학과별로 깃발을 나부끼는 출정식에 이은 광장에로의 집결 모습은 마치 동학농민군의 백산 기포를 연상케 했다.

그때 나는 처음으로 시국 문제가 시위대나 운동권만의 일이 아니라는 생각을 하게 되었다. 학과별 출정식은 옥상에서 관망하던 나의 태도의 전환을 쉽게 하였다.

각 단과대에서 출정식을 마친, 깃발을 앞세운 학과별 대오는 풍물과 대중의 우뢰와 같은 환영 소리와 버무려졌다. 대중은 마치 천군만마를 만난 양 매번 환호성을 질렀다. 이러한 환호성에 대오 속의 나는 우쭐해지기까지 하였다.

집회에 직접 참가한 나는 팽팽한 긴장감을 느끼면서 한편으로는 알 수 없는 어떤 매력에 이끌렸다. 군중이 모여 군중보다도 훨씬 강한 권력을 거침없이 성토한다는 것 자체가 매력이었을까. 당시 전제적인 권력을 거리낌없이 성토한다는 것은 어쩌면 대학만이 가질 수 있는 특권인 양 생각되기도 했던 시절이었다.

민주광장에서는 매일 만여 명이 넘는 군중이 노래를 부르고 구호를 외치는 의식을 치렀다. 의식이 끝나는대로 시위대에 이끌린 군중은 꼬리에 꼬리를 물고 정문으로 향했다.

정문으로 나아가는 동안에 대부분의 군중은 옆으로 새나갔다. 옆으로 샌 군중은 시위대 후미에서 관망을 하거나 일부는 도서관으로 다시 들어갔다. 정문까지 도달한 시위대는 고작해야 수백 명을 넘지 않았다.

나 역시도 시위대 후미에서 불구경하듯이 시위 장면을 지켜보았다. 경찰이 밀고 들어오면 시위대와 함께 도망했고, 경찰이 물러나면 시위대와 함께 노래를 부르면서 세를 불려주었다. 시위대가 구호를 외치면 따라서 목이 터져라 구호를 외쳤다.

6월 10일을 기점으로, 시위는 지방의 읍 단위로까지 확산되었다. 이전에 어느 대학생이 수사 중 물고문으로 죽었고, 또 다른 대학생이 최루탄에 맞아 의식 불명의 상태에 빠지면서 시위는 걷잡을 수 없이 확산되고 있었다.

'호헌철폐 독재타도'를 외치며 정문으로 한 발짝씩 나아가던 시위대를 향해 페퍼포그차는 일명 지랄탄을 연사하기 시작했다. 지랄탄의 흰 연기는 회오리처럼 캠퍼스 여기저기에서 나뒹굴었다.

시위대와 경찰들이 부상을 당했고, 백골단에게 끌려간 학생들은 닭장차라 불리는 전경버스 안에서 집단 구타를 당했다. 군중에 고립된 경찰들의 방패와 제복이 불태워졌고, 심지어 이들과 닭장차에 끌려간 학생들이 서로 맞교환되기도 하였다. 공식과도 같았던 기존의 공방은 일순간에 흐트러지면서 폭력과 피로 얼룩이 졌다.

저녁이 되어, 군중은 시민 사회 단체와 합세해 더 큰 시위를 벌였다. 저녁의 시위는 일정하게 경찰서 인근에서 발화되었다. 시위대를 중심으로 한 군중 수만 명은 경찰서로 몰려가서 구속자 석방을 요구하였다. 경찰서 출입문에 묶여진 끈을 군중이 잡아당기려는 순간에 경찰은 물리적 공세를 퍼부었다. 예고된 경찰의 공세에 맞서 시위대는 어김없이 돌과 화염병을 던졌다.

시위대의 공세와 경찰의 경찰서 사수를 위한 공세 모두는 파상적이었다. 경찰의 파상 공세에 버틸 재간이 없는 시위대는 뿔뿔이 흩어져서는 각지의 파출소를 다시금 급습하였다. 당시 대부분의 파출소의 출입문과 창문이 쇠창살이었을 정도로, 시위대의 파출소 습격은 거의 일상적이었다.

군중은 매캐한 최루가스에 괴로웠지만 쉼없이 구호를 외쳤다. 목이 터져라 구호를 외쳐도 정국은 변할 기미도 보이지 않았다. 정국에 변화가 없자 시위 지도부는 더 큰 자극을 시도하였다. 공사장에서 가져온 수십 개의 각목을 페퍼포그차가 내달리는 도로에 내던졌다.

급정거한 페퍼포그차에 기다리고 있던 수백 개의 화염병이 투척되었다. 불길이 치솟으면서 차량 안에 있던 경찰들이 탈출하였다. 바퀴에서부터 불이 붙더니 순식간에 폭죽 터지는 듯한 소리를 내면서, 차량은 전소되었다. 이렇게 해서 전소된 페퍼포그차는 내 듣기로 석 대였다. 일명 닭장차 전소보다 검은색 페퍼포그차의 전소는 무서울 정도로 굉음과 최루가스를 내뿜었다.

이런 와중에 나는 학과 동료인 봉섭이를 깊게 사귈 수 있게 되었다.

사학과에는 골수 운동권이 적지 않았다. 군대를 갖다오지 않은 이들을 현역이라고 하는데, 내가 아는 현역 중에는 승욱이, 진수, 경민이, 그리고 광섭이 등은 NL이니 PD니 하는 미세한 이념과 노선의 차이에 따라 각자 비밀스럽게 운동 조직을 이끌거나, 이미 조직 내의 핵심이었다.

군대를 갖다 온 이들을 예비역이라고 하는데, 당시 노래패나 풍물패를 이끈 의신이 선배나 강호 선배를 제외하고 예비역 중에는 이렇다 할 운동권이 없었다. 어쩌면 내가 알고 있는 운동권이 이 정도였을 것이다. 당시의 운동 조직은 워낙 비밀스러웠으니까.

봉섭이가 이념이나 사상, 또는 정치나 사회 문제에 관심을 갖는 친구는 분명 아니었다. 군 입대 전에도 그랬고, 제대 이후에도 별다른 정치 활동을 한 적이 없었다. 그저 곱상한 외모에 조용조용히 학교를 다니던 후덕한 청년이었고, 능청스런 농담을 잘 하는 재미있는 친구일 뿐이었다. 그런데 언제부턴가, 그가 전조가 돼 화염병을 던지고 있었다.

동료들은 봉섭이가 언제부터 이념 문제에 깊이 개입했지, 하고 의아해 할 뿐이었다. 봉섭이는 어느 누구보다도 화염병을 잘 던졌고 최루탄과 경찰의 추격을 잘도 피했다. 저녁이 되어 파출소를 급습하는 시위대 속에도 봉섭이가 있었던 것 같다.

봉섭이를 잘 아는 이들의 화젯거리는 단연 봉섭이었다. 그때까지도 나는 시위대 후미에 있는 관망자였다. 도서관 옥상의 관망자에 비하면 시위대 후미의 관망은 나로서는 적잖은 진척이기도 하였다.

페퍼포그차가 불타던, 아마도 가장 극렬했던 그 날도 난 관망자였다. 관망만 하다가 귀가하는 길에 시위 지도부가 있다는, 단지 소문으로만 듣던 그 건물에서 걸어 나오는 봉섭이를 만났다. 우연찮게 그날 난 봉섭이와 함께 하게 된 것이다.

캠퍼스를 빠져나와 봉섭이와 같이 든 골목은 끼리끼리 모여 자취를 하는 학생들로 넘실거리는 곳이었고, 봉섭이의 자취방도 그 곳에 있었다. 나 역시 그곳에서 멀지 않은 곳에서 자취를 했기 때문에 가끔은 봉섭이와 마주치기도 하였다. 하지만 그 날 따라 웬지 봉섭이가 살갑게 느껴졌다.

인심 좋은 봉섭이는 꽃병 든 그 모습과는 달리 얼큰한 김치찌개를 끓여냈다. 우린 김치찌개로 막걸리잔을 비웠고, 아침이슬을 불렀다. 취기가 오른 나는 봉섭이에 대한 궁금증을 하나하나 물어 보았다.

"봉섭이, 언제부터 운동했어?"

나의 이 질문에 봉섭이는 편하게 웃어보였다.

"난 운동하고는 거리가 있는 놈이야."

"그럼, 언제부터, 왜 그렇게 열심이야?"

이 질문에 봉섭이는 빙긋거리며 대답하였다.

"사실, 난 전투경찰대 출신이야. 주로 서울의 유명 대학가 주변에서 페퍼포그차 운전을 했지."

나는 깜짝 놀랐다. 봉섭이가 전투경찰대 출신이라는 것도 의외였거니와 페퍼포그차를 운전했다니, 그저 놀라울 따름이었다. 그런 봉섭이가 데모 막는 심정을 모를 리야 없었을 테고, 그래서 더욱 봉섭이의 다음 말이 기다려졌다.

"사실 난 이념이고 뭐고 잘 몰라. 단지 전경대 생활을 하면서 시위대의 구호 소리와 최루탄의 매캐한 냄새가 익숙해졌을 뿐이야. 꼭 최루가스에 중독된 듯이 말이야. 그런데 넌 공부하는 놈이 왜 자꾸 데모대 옆을 기웃거리냐?"

이렇게 말하는 봉섭이에게서 놀라운 얘기 하나를 들을 수 있었다. 그것은 페퍼포그차에 관한 것이었다. 철갑차처럼 새까만 차가 봉고차를 개조했다니, 이 대목에서 난 놀라지 않을 수 없었다.

나는 봉섭이의 이 얘기를 반심반의 하였다. 능청스런 농담을 잘하는 봉섭이었기에 더욱 그랬다. 막걸리잔 앞에서 나 역시도 성의 없는 말들을 늘어놓고 있었다.

"나도 마찬가지야. 집회 대열 속에 있으면 뭔가 모를 스릴 같은 것이 느껴지거든. 시위대 후미나 주변에 있는 것만으로도 심사가 짜릿해. 나도 너처럼 중독돼버린 것 같아."

우린 서로를 바라다보며 털털하게 웃었다. 그리고는 막걸리잔을 들면서 농 섞인 진담을 계속 이어갔다.

"언제부터 뭘 믿고 널 전조에다 끼워주던?"

"왜, 내가 전조될 자격이 없다는 거냐?"

"그런 건 아니지만, 어쨌든 넌 은어를 모르잖아!"

허허허. 봉섭이는 나의 이 같은 농담에 그저 편한 미소를 지을 뿐이었다. 나는 봉섭이의 미소에서 다음과 같은 '대답'을 생각해냈다. 아니, 생각을 했다기보다는 그간 봉섭이에게서 들었던 것을 가지고서 재구성한 것이다.

군부 독재자가 호헌 고집을 피울 무렵, 페퍼포그차에서는 일명 지랄탄이 계속해서 쏘아 올려졌다. 지랄탄은 군중과 시위대를 분리시키면서 시위를 크게 위축시켰다. 시위 지도부가 이러한 위기를 뚫기 위해 고심했을 무렵에 봉섭이가 나타난 것이다. 당시 지도부에 했던 봉섭이의 얘기는 대강 이러했을 것이다.

'시위 진압용 페퍼포그차는 특수 제작된 4인승 검정색 장갑차량으로, 회색 또는 청회색 최루가스를 내뿜는다. 차량 앞부분에 분사구를 설치해서 가스를 뿜어대기도 하지만, 상단부의 다연발 발사기에서 발사되는 64발 한 세트 최루탄은 위협적이다. 발사된 탄두는 사방팔방으로 흩어지면서 수분 동안 최루가스를 내뿜는다. 탄두의 진행 방향이 제멋대로여서 도저히 가늠할 수 없다는 뜻에서 일명 지랄탄이라는 이름이 붙었다.' 라고.

이처럼 봉섭이의 전문가다운 얘기는 다급해진 시위 지도부의 신뢰를 얻기에 손색이 없었을 것이다. 봉섭이는 페퍼포그차의 약점도 함께 얘기하였을 것이다.

'페퍼포그차량의 약점이란, 일반 봉고차를 개조했기 때문에 큰 돌이나 큰 나무를 진행의 앞뒤 방향에다 던져놓으면 진퇴양난이 된다.' 라고.

봉섭이와 시위 지도부가 만나던 그 날, 페퍼포그차 한 대가 전소되었다.

이것이 봉섭이의 미소에서 얻어낸, 봉섭이가 전조에 끼이게 된 사연이다.

그로부터 소극적 가담자였던 나는 봉섭이와 자주 짝하면서 시위에 본격 합류하였다. 그렇지만 나는 여전히 전조가 되지 못하고 주변에서 어물쩡거리는 아웃사이더였다.

전조를 능가하던, 열성적인 투사였던 봉섭이 역시 아웃사이더에서 단 한 발짝도 나아가지 못했다.

야간 집회가 끝나면 약속이나 한 듯이 나는 봉섭이 자취방에 찾아들어갔다. 봉섭이가 없으면 봉섭이가 올 때까지 자취방에서 기다렸다.

독재자들이 개헌을 약속한 이후에도 우린 한 동안 밤을 같이 보냈다. 자정이 넘도록 막걸리잔을 기울면서 아침이슬을 불렀다. 골목의 수많은 창에서도 아침이슬이 흘러나왔고, 간간히 김민기의 친구가 들려왔다. 골목은 우리와 같은 아웃사이더들이 갑작스럽게 닥친 공허함을 막걸리와 아침이슬로 달래는 곳이었다.

4부
하나됨의 모색

외할아버지의 슬픈 변명

선은이와 재영이 외할아버지의 고향은 황해도 해주다. 외할아버지께서 그토록 가고 싶어하는 고향 해주를 꿈꾸며 살아온 지도 어언 60여 년이 흘렀다.

어느 기업가가 북녘의 고향으로 수천 마리의 소떼를 보내는 걸 본 외할아버지는 얼마 전부터 염소를 기르겠다고 하셨다.

"아버지, 염소를 어디에서 키울라요?" 하고 아내가 물으면, "네가 사는 북한산으로 들어가갔어." 하시는 것이었다.

어느 날 아내는 꿈을 꾸었다. 아이들을 잃어버린 꿈이었다.

선은이 외할아버지는 요즘 염소를 두 마리 사다가 선은이네 집 근처에서 기르신다. 도심 한 복판에서는 시끄럽고 냄새가 날 것 같다며, 엄마가 있는 북한산 자락으로 들어오신 것이다.

엄마는 반대를 했지만 외할아버지는 "네 신세 지지 않을 테니 걱정 말라우" 하면서, 염소를 몰고서 산기슭의 오래 된 빈집으로 들어가셨다.

매일 염소를 몰고서 산에 오르시는 외할아버지를, 한번은 선은이와 재영이가 뒤따랐다. 외할아버지라면 그저 좋다고 따르던 재영이는 할아버지의 등에 업히더니만 금세 잠들어버렸다. 하늘에서는 가느다란 비가 내렸다.

다음 날, 선은이와 재영이가 심한 감기에 걸리고 말았다.

"아버지도 참, 비가 오면 그만 둘 것이지. 바작바작 산엔 왜 자꾸 오르시고 그러세요."

엄마는 전화기에다 대고 짜증을 부렸다.

"엄마, 누구야?"

"누구긴, 할아버지지."

"그런데 왜?"

"너도 참, 비가 오면 안 따라가겠다고 하지, 거기가 어딘데 따라가고 그러니!"

"엄마, 내가 따라가겠다고 졸랐어. 안 데려 가신다기에 울기까지 했는걸, 안 데려 갈까봐. 할아버지한테 너무 뭐라 하지 마."

선은이는 어떠한 경우라도 할아버지 편이었다.

"엄마, 할아버지 말이야. 산에 오르셔서는 너무도 슬픈 표정이셨어. 엄마가 너무 그러시면 할아버지 우실 지도 몰라. 전에도 한 번 그러시다가 우셨는걸."

"아이쿠, 내 새끼야. 그래, 이 엄마가 잘못했네, 잘못했어. 쯧!"

선은이 엄마는 다 안다. 선은이 외할아버지가 왜 그처럼 산에 올라 북녘 하늘을 바라다 보며 한숨을 짓는지를. 한숨만이 아닐 것이다. 어떤 때는 소주 몇 잔 자시고서는 엉엉 우신 적이 한 두 번이 아니다.

한때 고향을 잊은 듯 지내오시더니, 요즘 갑자기 북녘의 고향을 그리워하신다. 어느 기업가가 소 수천 마리를 몰고서 북녘의 고향땅을 갔다 온 뒤로는 더욱 그러하신다.

어느덧, 선은이 외할아버지는 염소할아버지로 통했다. 염소할아버지는 지극 정성으로 염소를 길렀다.

선은이와 동생 재영이는 하루도 빠지지 않고 염소 구경을 했다. 물론, 염소가 잘 먹는 씀바귀나 아카시아잎을 뜯어갔다. 염소들은 이런 아이들을 반겨했다.

메에에 메에에. 염소는 반갑다고 선은이와 재영이를 향해 연신 고개를 쳐들며, 소리를 내뿜었다.

"염소야, 잘 지냈니?"

메에에 메에에.

"그래, 어서 먹어. 또 뜯어올 테니까, 어서 먹어."

어린 염소 머리의 하얀 털 속에서는 노란 뿔이 새싹처럼 돋아나려고 했다. 뿔난 곳이 가려운지 울타리를 지탱하는 기둥에다가 머리를 문질러댔다. 염소의 이런 모습이 하도 우스꽝스러워, 둘은 하하거렸다. 갑자기 설 박힌 기둥이 뒤물러나면서 울타리 한쪽이 무너지고 말았다.

염소들은 우리를 벗어났다. 토끼처럼 놀란 선은이와 재영이는 외할아버지를 찾았다. 할아버지는 방 안에도 그 어디에도 없었다. 염소들은 풀을 뜯으며 북한산 등산로로 들어섰다.

선은이와 재영이도 염소를 뒤따랐다. 등산로는 외할아버지 등에 업혀 자주 오르던, 그 길이었다.

염소들은 오르다가 두 갈래 길이 나오면 주춤거리다가 사람들의 눈에 잘 띄지 않는 곳으로 곧장 들어섰다. 이렇게 한 시간 가량을 따라 오르던 선은이와 재영이는 왈칵 겁이 났다.

하늘과 땅이 빤히 맞닿은 산봉우리에 선은이와 재영이가 다다랐을 때는 해가 서산에 걸린 저물녘이었다.

"누나, 이제 집으로 가자."

"할아버지께서 곧 오실 거야. 조금만 있자."

재영이는 끝내 울음을 터트렸다. 선은이도 재영이를 와락 껴안고서 울어댔다.

이때, 엄마는 할아버지가 계신 곳을 들렀다가 아이들이 없어진 것을 알게 되었다.

어둠이 깔리기 시작했다. 산에서는 개고마리 울음소리만이 들려왔다.

"선은아! 재영아!"

엄마는 마을 사람들을 데리고 등산로를 뒤졌다. 이때, 할아버지가 나타났다. 방북 신청에 대해 알아보느라 늦었노라고 하였다.

"아버지, 아이들은요?"

"어미야, 그기 무신 소리가! 에잉, 어미야!"

"애들이, 애들이 없어졌어요."

"으응?"

염소도 함께 없어진 것을 외할아버지는 단숨에 아셨다. 할아버지는 곧장 등산로를 따라 올라갔다. 엄마도, 급히 연락해 도착한 아빠와 함께 할아버지 뒤를 따랐다. 나뭇가지 사이로 간간히 검푸른 하늘이 보이긴 했지만, 어둠은 소나무 가지 사이로 짙게 드리우고 있었다. 산봉우리에 다가갈수록 염소 울음소리가 크게 들렸다. 모두들 안도의 숨을 내쉬었다.

나무 사이로 한데 어우러진 희끗희끗한 물체가 눈에 들어왔다. 염소 떼였다. 염소들은 한데 웅크리며 되새김질을 하고 있었다. 선은이는 울고 서 있고, 울다 지쳐 염소들에 파묻혀 잠든 재영이가 보였다.

메에에 메에에.

"선은아!"

"어엄마!"

선은이는 설움에 너무 겨웠는지 토막 울음을 울었다. 외할아버지는 얼른 재영이를 꼬옥 안았다. 그리고서는 엉엉 울었다.

"내가 노망이 든기요. 내, 내가 말이요, 노망이 들은기요."

아내의 꿈 이야기를 다 듣던 외할아버지가 갑자기 재영이를 와락 안고서는 서럽게 우셨다. 꿈에서처럼. 엄마는 외할아버지가 왜 저토록 우시는 지에 대해 잘 알고 있었다.

그 옛날, 황해도 해주에서 땅많고 정많은 부자였던 외할아버지. 듣기로는 결혼까지 하셔서 재영이만한 아들까지 두고 내려왔다고 한다. 재영이가 커갈수록 할아버지는 두고 온 아들 생각이 난 것이다. 염소를 무척이나 좋아했던 그 아들이.

왜갈나무 기와집

더러는 황새나 두루미로 혼동하는 새가 왜가리다. 왜가리는 백로과이지만 백로보다는 훨씬 덩치가 크고 색깔도 회색 또는 진회색이다. 머리에는 두 개의 먹댕기가 있고, 부리는 노랗다. 여름 철새이나, 가끔 우리 땅에서 겨울을 나는 때도 있다.

2000년 6월 15일, 남과 북의 두 정상이 평양에서 만났고 민족의 온 성원은 기뻐하였다. 이때부터 나의 장인은 노구에도 불구하고 이전보다 훨씬 더 열정적인 삶을 사시기 시작했다. 즉, 남쪽의 살아 있는 친구들을 만나고, 오래된 고향 마을의 사진을 꺼내놓고 감상하는 날이는 것이다.

하루는 나의 장인이 아이들을 불러다 놓고 구구절절 당신 고향 얘기를 하셨다. 옆에서 듣게 된 장인의 기억과 그 동안 처가 사람들로부터 얻어들은 얘기를 가지고서 아이들과 함께 이야기를 만들어 보았다.

선은이 외할아버지께서 그토록 가고 싶어하는 곳은 고향인 황해도 해주다. 고향 해주를 꿈꿔온 지도 어언 60여 년의 세월이 흘렀다. 어느 기업가가 북녘의 고향으로 수천 마리의 소떼를 보내는 걸 보신 외할아버지는 얼마 전부터 염소를 기르겠다고 하였다. 염소가 새끼를 치고 그 새끼가 다시 새끼를 쳐준다면 북녘의 고향에도 보낼 수 있을 거라는 생각에서다.

2000년에 남과 북의 두 정상이 만났다. 외할아버지는 헤어진 가족을 만날 수 있다는 희망을 키우며, 매일 해당 관공서로 출근하다시피 하였다.

어쩌다 있은 이산 상봉 소식을 듣고 온 외할아버지 역시 상봉 대기자였다. 그러나 이산 상봉 대상자에서 매번 제외가 되자 그때마다 울음을 터트리며, 며칠씩 식음을 전폐하기도 하였다.

"일이백 명 만나가지고서니 언제 일백만 명이 다 만나갔어. 이래 가지고서니 일백 년은 족히 걸리갔어." 라고, 간혹 혼잣말을 하셨다.

외할아버지 집에 들른 선은이와 재영이는 걱정이 앞섰다. 집에 들어선 자신들을 분간 못할 정도로 할아버지의 시력과 청력이 좋지 않다고 판단했기 때문이다.

"할아버지, 엄마가 죽 쑤었어요. 한 숟가락이라도 드셔야 고향 가실 수 있대요."

할아버지는 말없이 재영이를 끌어 앉고 눈물만 흘리셨다.

선은이와 재영이는 엄마에게 물었다. 할아버지께서 왜 저토록 북녘의 고향을 그리워하시는 지에 대해서.

엄마는 조심스럽게 외할아버지에 대해 많은 것들을 털어놓았다. 다 듣고 난 선은이와 재영이는 엉엉 울었다. 옆의 아빠까지도 눈시울을 붉혔다. 며칠 동안 눈이 퉁퉁 붓도록 운 선은이와 재영이는 다짐을 했다. 할아버지의 고향을 반드시 찾아드리겠다고. 그리고 북녘의 가족들을 반드시 만나게 해드리겠다고.

선은이와 재영이는 외할아버지의 고향에 관한 얘기를 엄마에게서 더 들었다. 그리고 이모를 만났다. 그때 이모는 두 권의 책을 가져왔다. 이북 5도민 단체로부터 얻은 것이라고 하였다.

"외할아버지께서는 참으로 아름다운 고장에서 사셨단다. 자 보렴."

한 권은 황해도 「해주군지」요, 또 한 권은 「해주군 고산면지」였다. 남쪽의 실향민들이 기억을 더듬어서 만든 향토지였다.

외할아버지께서 태어나 자란 곳의 옛 이름은 해주군, 지금의 벽성군 고산면 수정리다. 이모가 갖다준 「해주군 고산면지」는 화보와 함께 고산면에 관한 내용이 상세히 편집돼 있었다. 누렇게 바랜 사진이었지만, 분명 산과 물과 숲이 아름다운 곳이었다.

아빠와 함께 군지와 면지를 읽은 지 일주일째. 선은이와 재영이는 놀라운 사실 하나를 발견하였다. 그것은 외할아버지께서 늘 말씀하시던 왜갈나무 사진이 「해주군 고산면지」에 실려 있었던 것이다.

둘은 면지에 나온 내용을 토대로 할아버지의 개인사를 하나하나 정리해 나갔다. 정리된 원고를 아빠에게 보여드려, 수정도 가했다. 완성된 원고를 할아버지께 읽어드리기 위해서이다.

고산면 수정리에서 가장 큰 마을이 조약동이다. 일명 새약재라고도 하는데, 다리에 상처 입은 새가 이곳 약수를 먹고 나았다는 전설에서 비롯된 이름이다. 조약동에는 중간물, 강변터, 당재몰, 새약재, 삼치골 등의 자연 마을이 있다.

조약동 앞을 가로지르는 열정천 바로 옆에는 커다란, 아주 커다란 느티나무가 있다. 둘레가 무려 열두 명의 아이가 팔을 벌려 맞잡아도 이어질까 말까 하는 그런 큰 나무였다. 한노라는 아이의 할아버지에 의하면, 이 땅에 사람이 살기 시작한 때부터 이 나무가 있었다는 것이다.

오래된 느티나무는 온통 회색빛 천조각들로 장식돼 있었다. 나무의 회색빛 천조각들은 햇빛을 받으면서 은빛을 발하며 반짝거렸다. 어느 때가 되어, 반짝거리던 천조각들이 너울너울 푸른 하늘을 날아오르기도 하고, 때로는 열정천 아래로 사뿐사뿐 내려앉기도 하였다. 그렇다면 그것들은 천조각이 아닌 듯싶었다.

선은이와 재영이는 가까이, 더 가까이 다가갔다. 갑작스럽게 햇빛을 받아 은회색으로 빛나던 그 천조각들은 무리를 이루어 푸른 창공으로 펼쳐져 나갔다. 창공에 펼쳐지는 모습이란 장관이어서, 둘은 멍하니 그것들을 바라볼 뿐이었다.

그때서야 선은이와 재영이는 느티나무의 그것들이 천조각이 아님을 알았다. 천조각들은 다름 아닌 왜가리떼였다. 왜가리는 봄에 왔다가 가을에 떠나는 철새다. 겨울마다 수 십여 마리는 조약동에 남았고, 조약동 사람들은 남아 있는 왜가리를 겨우내 보살폈다.

느티나무에 언제부터 왜가리떼가 있었는지는 알 수가 없다. 조약동 사람들은 왜가리떼의 보금자리라고 해서, 그저 그 느티나무를 왜갈나무라고 불렀을 뿐이다.

왜갈나무 바로 옆에는 규모 있는 기와집 여러 채가 자리하고 있었다. 기와집 역시 왜갈나무집이라고 불렀다. 왜갈나무 기와집은 바로 선은이 재영이의 외할아버지 고향집이었다.

왜갈나무 기와집은 정면 5칸 측면 3칸의 안채와 안채만한 사랑채 두 곳, 그리고 곳간과 문간채 등으로 이루어져 있었다. 큰 사랑채 하나는 7년 전부터 신학문을 가르치는 서당, 즉 대암사숙으로 활용되고 있었다.

우리말과 우리글을 배우는데 여념 없는 아이들은 저녁때가 되어, 왜갈나무가 있는 열정천으로 몰려들었다. 한 무리는 왜갈나무에 기어오르고 한 무리의 아이들은 열정천 봇막이로 가서 자맥질을 하였다. 선은이와 재영이도 신이 났다.

선은이와 재영이는 외할아버지의 옛 모습인 어린 인채를 찾았다. 외할아버지의 함자는 인자 채자였다.

왜갈나무는 워낙 컸다. 두 갈래의 가지 사이에 자그마한 누정을 세워도 될 만한 그런 곳에 어린 인채가 누워 있었다. 해맑고 동그란 눈에, 다부져 보이는 인채를 본 순간 선은이와 재영이의 눈에서는 한 동안 눈물이 흘러내렸다.

인채는 왜갈나무집 둘째 아이였다. 지금은 대암사숙에서 공부하고 있지만, 언젠가는 해주에 있는 중학교에 편입하기로 돼 있었다. 하지만 해주에는 가지 않겠노라고, 떼를 쓰는 중이었다.

해주는 조약동에서 백여 리 동남쪽으로 가야 하는데, 수양산을 넘는다. 수양산은 백이와 숙재가 풀뿌리를 캐어 먹으며 절개를 지켰다는 산이다. 한노 할아버지는 이곳 수양산이야말로 중국 주나라의 폭정을 피해 온 백이와 숙제의 실제 은거지임이 확실하다고 말한다. 그래서 그런지 이곳 수정리 사람들은 의리와 절개를 그 무엇보다도 소중히 여겼다.

수양산의 한 자락은 망우산이었다. 망우산의 정맥은 수정리 조약동으로 뻗어 있었다. 봄이 되면 진달래꽃, 철쭉꽃, 함박꽃들이 망우산을 뒤덮었다. 여름이면 청도라지 백도라지가 풀섶 사이에서 피어나고, 베롱나무의 붉은 꽃들이 푸르른 초목들 속에서 생동감을 불러 일으켰다. 가을에는 떡갈나무와 옻나무의 노랗고 붉은 잎사귀들이 어지러이 수를 놓았다.

망우산은 또한 약초가 많기로 유명하다. 망우산에서 흐르는 물이 조약동 앞 열정천으로 흘러들었다. 열정천의 물을 먹고 병든 새들이 병을 고쳤다는 전설이 있는 새약재도 바로 이곳에 있다.

망우산 중턱에 치바위라는 큰 바위가 있다. 치바위는 곡식을 까불릴 때 쓰는 치와 닮았다 하여 붙은 이름이다. 치바위 끝에는 수리라는 놈이 산다.

조약동의 하늘에 한 마리 커다란 새가 아침부터 맴돌고 있었다. 아득한 창공에서 맴돌던 그 놈은 수리였다. 오후가 되면서 땅에 그림자를 드리울 정도로 낮게 나는 그 놈을 어느 누구도 눈치 채지 못하였다.

순식간에 수직으로 하강하는 수리의 날카로운 발톱이 왜갈나무집 마당에 졸고 있는 중닭을 채갔다. 순식간에 일어난 일이었다. 며칠 뒤에 또 다시 마을의 닭들이 그놈에게 채였다. 마을 어른들은 갓난아기를 조심하라고 일렀다.

수리가 공중에서 선회하면 마을의 아이들은 무엇이라도 두들겨서

소리를 냈다. 소리는 수리의 채공 시간을 늘릴 뿐, 아래의 먹이를 포기하게 하지는 못했다.

마을의 아이들을 모은 인채는 망우산 치바위로 향했다. 망우산 골짜기는 그리 깊지는 않지만, 정상부로 올라갈수록 깎아지른 듯한 뾰족한 바위들이 솟구쳐 있었다.

산 위에서 바라본 망우산 자락은 수정 같은 맑은 물이 흐르는 계곡을 품고 있었다. 계곡은 사람이든 새든 병을 낫게 해준다는 영험한 그 물줄기를 만들었다.

인채는 치바위 바로 아래에까지 올라갔다. 수리라는 놈이 치바위 틈새에다가 둥지를 틀었기 때문이다. 치바위에는 늙은 소나무 한 그루가 바위 틈에 박혀 있었다. 바위 틈새에 발을 딛고서 한걸음 한걸음 둥지를 향해 올라 선 인채는 늙은 소나무 둥치를 안간힘을 다해 부여잡았다. 그리고 수리 둥지를 들여다 보았다. 털이 숭숭 나 있는 두 마리의 새끼수리가 겁에 질린 채 웅크리고 있었다.

그때 어두운 그림자가 치바위를 드리웠다. 올려다보니 그놈의 수리였다. 인채 주위를 배회하는 수리는 두 마리였다. 인채는 그림자를 향해 손을 휘휘 젓다가 그만 늙은 소나무 둥치를 놓치고 말았다. 용케도 낭떠러지가 아닌 바위틈에 끼이게 된 인채는 마을 어른들의 도움으로 가까스로 내려오게 되었다.

그 뒤로 수리는 조약동에 나타나지 않았다. 어른들은 모두 인채 덕분이라고 입을 모았지만, 인채 할아버지만은 인채를 준엄하게 꾸짖었다.

해주의 한 중학교에 편입하게 된 것은 인채가 결혼을 하고 부터였다. 예쁜 신부의 권유가 있었던지, 인채는 중학교에서 공부하기로 결심하였다.

인채 내외가 해주로 가게 되자, 문간채의 이서방 내외도 따라서 해주로 나갔다. 이서방은 인채의 친부모나 다름 없었다. 어려서부터 인채를 지게에다 지고 다니기도 하고 팽이나 얼레를 만들어 주기도 하던 분이었다. 이서방 내외는 해주에서 싸전(쌀가게)을 보면서 인채 내외를 지극정성으로 보살폈다.

중학 과정을 마친 인채는 쉬면서 경성의 전문학교 진학을 준비하였다. 이때 이서방 내외가 조약동으로 들어가버렸다. 이서방 내외가 없는 해주 생활이 싫었는지, 인채 내외도 두어 달 뒤에 조약동으로 들어갔다.

인채가 없는 동안의 조약동은 많은 변화가 있었다. 대암사숙에서는 더 이상 글 읽는 소리가 들리지 않았다. 인채 할아버지의 건강에 큰 이상이 있는 것도 변화 중의 하나였다. 더 큰 변화는 사숙 옆의 커다란 왜갈나무가 사라졌다는 것이다. 왜갈나무는 어디로 사라진 것일까?

인채가 조약동으로 돌아오기 일 년 전이었다. 인채 할아버지는 왜갈나무가 베어진다는 소식을 듣고서 정신을 잃을 뻔했다.

"왜갈나무가 어떤 나무님이신데, 이걸 벤다고? 안 된다 이놈들아! 이 나무님으로 총대를 만들다니, 내래 이 주리를 틀…!"

인채 할아버지의 극렬한 반대에도 불구하고 고산면 주재소 순사들은 막무가내였다. 왜갈나무가 쓰러지던 날, 열정천 아래로 떨어져 죽은 왜가리는 족히 백여 마리는 되었다 한다. 왜갈나무가 사라지자 왜가리들도 사라져버렸다.

인채가 조약동으로 들어 온 지 얼마 안 돼 인채 할아버지가 세상을 떴다. 마을의 청년들도 하나 둘씩 전쟁터로 끌려갔다. 인채 아버지는 인채를 하루라도 빨리 경성으로 보내고자 하였다.

인채의 이른 경성 유학 방침은 징병과 징용을 피해보려는 자구책이기도 했다. 그러나 유학은 쉽사리 이루어지지 않았다. 당시는 여행이나 취학까지도 통제를 받던 전시동원체제였기 때문이다.

조약동은 긴장을 했지만, 인채는 아주 잘 생긴 사내아이를 보았다. 사내아이가 태어나던 날에 열정천에서는 스물 한 마리의 왜가리가 나타나서 춤을 추었다고 한다.

꼬마 신랑 인채는 이제 아범으로 불렸다. 갓난 아들에게는 일찍이 인채 할아버지가 지은 '조약' 이라는 이름이 붙여졌다. 조약이는 인채의 막내 동생 동채와는 두 살 차였다.

조약이가 두 돌을 맞을 때였다. 해주장에서 돌아오던 이서방이 숨 가쁘게 왜놈들이 물러간다며, 소리를 질렀다. 광복이 된 것이다. 광복이 되었다는 기쁨도 잠시, 고산면사무소는 붉은 깃발로 펄럭였다. 붉은 깃발 주위에는 마을의 많은 사람들이 서성거렸다. 그들 속에는 이서방 내외도 있었다.

모든 것이 자유로울 것처럼 보였던 광복 6개월 째 되는 어느 날, 사람들은 왜갈나무집을 인민 학습장으로 쓰겠다며 다짜고짜 짐짝들을 밖으로 들어내었다.

순식간에 왜갈나무집은 인민 학습장으로 변해버렸다. 왜갈나무집 소유의 드넓은 옥토도 몰수된다는 소문이 파다하였다. 광복 직후의 북쪽의 주요 정세는 토지개혁의 단행이었다. 무상몰수 무상분배를 원칙으로 하는 북쪽의 토지개혁은 인민들의 환심을 사기에 충분하였다.

인채는 대문을 걸어 잠그고 단식을 해가며, 인민위원회의 전횡에 저항하였다. 그런 인채를 인민위원회에서는 반동으로 내몰았다.

옛 주재소 자리로 끌려가 실컷 얻어맞기까지 한 인채는 날이 밝으면 인민들 앞에서 재판을 받게 될 것이다. 당시 인민들의 이러한 모습은 또 다른 광기일 뿐이었다.

인채가 인민회의에 회부되기 전날 밤이었다. 인채가 위험에 처했다며 안달아 하시던 인채 아버지는 파김치가 된 인채를 업은 이서방과 조용히 뭔가를 주고 받았다. 얼마 뒤, 이서방은 인채를 데리고 어디론지 향했다. 인채는 아내와 아들 조약이를 남겨 놓고서 이서방과 함께 남쪽으로 향했던 것이다. 떠나면서 인채는 조약이를 업고 있던 아내에게 이렇게 말했다.

"내래 이 난리 끝나믄서래 빨리 돌아오갔어."

여기까지의 얘기를 듣고 계시던 할아버지께서는 아주 편안한 얼굴을 하며 주무셨다. 열정천에서 멱을 감던 일이며, 수리 둥지를 찾아갔던 일, 그리고 어리고 해맑은 아들 조약이를 생각하면서 아주 편안하게 눈을 감으셨다.

재영이와 선은이는 외할아버지께서 고향의 왜갈나무 기와집으로 다시 가신 것으로 굳게 믿었다. 둘은 자리에서 일어나, 살금살금 할아버지 방에서 나왔다.

'국경의 비적수괴 김일성 회견기'를 읽고

나는 이념이나 사상보다 더 소중한 게 있다면 바로 '사람'이라고, 오래 전부터 굳건히 믿고 있었다. 아무리 좋은 이념이나 고고한 사상일지라도 인간성을 회피하고 상실하면, 그때부터 그러한 명분은 이념과 사상을 빙자한 악폐에 지나지 않는다는 생각이었다.

학부 때, 1930년대 「삼천리」라는 잡지를 보다가 '국경의 비적수괴 김일성 회견기'를 읽게 되었다. 이 글을 읽으면서, 그간 남측의 교육은 '그러했음'을 인정하지 않음으로써 '아님'을 볼 수 없게 하였다는 생각을 하게 되었다. 당시 북쪽의 항일무장투쟁사나 주체사상에 경도된 일부 운동권도 남측의 파시스트적인 교육이 만들어 낸 측면이 있다고 본 것이다. 더불어 항일무장투쟁을 이끌었던 김일성이 민족 해방과 사회주의 혁명이라는 거대 명분을 앞세워, 인간성을 무시한 측면이 있다는 생각 또한 떨치지 못하였다.

민족과 국가를 위한다는, 또는 사회와 조직을 위한다는 명분으로 개인의 희생을 당연시 한다면 이 또한 파쇼와 크게 다르지 않다는 생각에는 지금도 변함이 없다.

학부 때 나는 도서관에서 일제 강점기의 자료를 두루 찾다가 우연히 김일성과 관련한 문서를 접하였다. 더불어, 일제가 심각하게 여긴 요주의 인물이 김일성(金日成)이었다는 것을 알 수 있게 하는 당대의 잡지와 신문의 기사도 읽게 되었다.

당시만 하여도 북한 정권 담당자 김일성에 대한 나의 인식은, 본명이 김성주이고 당시 30세도 안 된 나이에 온갖 악행을 저지른 만주의 마적단 두목이었다는, 초중고 교과서에서 채득한 수준에 불과했다. 나의 초중고 시절의 교과서에는 마적 대장 김성주는 백발을 휘날리며 백마를 타고 항일 투쟁의 선봉에 섰던 진짜 김일성의 이름을 사칭했다고까지, 언급되어 있다.

도서관에서 접한 1930년대 김일성 관련 자료들을 면밀히 검토한 결과, 북한 정권 담당자 김일성은 항일무장투쟁을 이끌었던 바로 그 김일성이라는 결론에 도달하였다. 만주에서 활동하는 김일성과 그 휘하의 빨치산들을 회유하려고 일제가 뿌린 삐라 문구 등을 검토해 본 결과 북한 정권 담당자 김일성이 항일무장투쟁을 한 그 김일성과 동일 인물임이 분명하다는 것이다.

그 후 나는 외국에서 발행된 김일성 관련 저작들을 입수했고, 관련 내용을 정리하여 '대학 신문'에 연재하기도 하였다. 연재된 내용을 토대로 학부의 졸업 논문이 작성되었다. 이처럼 김일성 연구는 나의 대학 시절 말미를 지배해버렸다.

나를 사로잡은 자료 가운데 하나가 1937년 10월 1일에 발행된 「삼천리」 제9권 제5호에 게재된 '백의 동포 14명과 함께 인질로 마적대에 잡혀서 장백산 밀림 속에 인질로 잡혀가서 고초란 고초를 다 겪고 요행 탈출하여 나온 이 피와 눈물의 기록' 이라는 부제가 있는 '국경의 비적수괴 김일성 회견기' 였다. 회견기는 양일천(梁一泉)이라는 사람이 김일성 부대에 잡혀 갔다 나온 이들의 회고를 글로 옮겨놓은 것이다.

1937년은 일본 군대가 직접 만주를 지배하고, 상하이까지 진출하던 때였다. 당시는 일제의 전쟁 수행을 위한 각종 통제와 수탈이 횡행하였고 국내의 언론·출판의 자유는 꿈도 꿀 수 없는, 그런 시절이었다.

당시 「삼천리」는 김일성의 항일무장투쟁을 보도할 만한 잡지가 아니려니와, 설령 항일무장투쟁을 보도하고 싶다고 하여 그렇게 할 수 있는 시절도 아니었다. '국경의 비적수괴 김일성 회견기' 의 '…항X 연합군…' 이라는 표기에서 '항일' 의 '일' 을 'X' 로 표기했다든가, 하는 예가 잘 말해주고 있다.

어찌됐건, 양일천이라는 필자 역시 일본 군대를 '아군' 으로 인식하는 전형적인 친일 문필가였다. 이러한 전반적인 상황을 감안해서 '국경의 비적수괴 김일성 회견기' 를 분석했으며, 결론은 북한 정권 담당자 김일성은 가장 어려웠던 시공간 아래에서 항일무장투쟁을 이끌었던 이 가운데 한 사람일 수 있겠다라는 생각을 하게 되었다.

서설이 너무 길었다. 아무튼 당시 내게 충격을 준 '국경의 비적수괴 김일성 회견기' 가 70여 년이 지난 오늘날에 더욱 새롭게 느껴지는 건 왜일까. 어쩌면 남북의 분단 및 대립 국면의 해소가 아직도 요원하기 때문일 것이다. 그러나 남북 간의 그 어떤 경쟁도 끝이 난 상태다. 남측의 위정자들은 언제까지 북측의 경직성을 정치적으로 이용하려 할 것인가!

학계에서 이미 검증한 북쪽의 항일무장투쟁사 조차도 남측의 국사 교육은 배제하고 있다. 자칫 남측이 그 무언가를 숨기려고 한다는, 불필요한 오해를 불러올 수 있다. 남측이 좀더 자신감을 가져야 한다는 취지에서 '국경의 비적수괴 김일성 회견기' 가운데 '김일성 회견' 부분을 소개하겠다.

가급적 원문을 훼손하지 않으면서 일부 고어나 적절치 못한 문체나 문장은 신중하게 다듬었다. ( ) 안은 따로이 붙인 해설이다.

김일성 회견

마적 대장 김일성이라 하면 국경 일대에선 너무나 잘 알려졌고, 신문이나 본 사람은 누구나 기억하리라. 총사장이란 이름을 가지고 X(신)에 가까운 만주인과 조선인 부하를 이리저리 통제해 가며, 습격해 싸우면서 완강히 군대(일본군)와 저항해 가며, 산중 소굴을 지휘해 가는 김일성! 그는 과연 어떤 인간인가?

김정부 옹은 많은 흥미를 가지고 이 수수께끼 같은 인간을 회견하였던 것이다. 후리후리한 키, 우락부락한 음성으로 보아 고향은 평안도인 듯하다. 예상했던 것보다 연령은 너무나 젊은 혈기방장의 30세 미만의 청년이다. 그는 만주어에 정통했다. 그리고 어디까지 대장이란 표적이 없고, 복장이나 식음에까지 밑의 졸과 함께 기거를 하며 감고를 같이 하였다. 그는 감화력과 포용력은 있는 듯이 보였다.

"노인님, 추운 데서 얼마나 걱정 되십니까."

김일성, 그는 먼저 부드러운 말로 인사를 했다. 이어서, "모측의 정보에 의하면 노인님이 5만원의 재산을 소유하고 있다고 해서 납래한 것인데, 그후 사실을 조사한 결과 무근의 설임을 알았습니다. 노인님이 설사 기천 원의 전 재산을 우리에게 납부하는 것은 우리는 남의 돈을 빼앗는 것이어서 즐겨하지 않습니다. 그러나 우리는 우리 일이 있으니 부득이하지요." 라고 하였다.

더불어, "이런 고생을 왜 시키느냐구요? 노인님, 우리가 고생하는 걸 좀 체험하시여 감고를 아시라는 것입니다. 우리 젊은 몸이 따뜻한 자리 평안한 생활을 누가 싫어하겠소. 2, 3일씩 보리죽도 못 얻어 먹어가며 이 고생을 달게 하는 것은 다 그리되어 그러는 것이요. 나도 눈물도 있고 피도 있고 혼도 있는 인간입니다. 그러나 이 추운 겨울을 우리는 이렇게 돌아다니는구려." 라는 말을 하였다.

김일성, 그는 생각한 바와는 좀 다르게 비적 수괴답지 않게 음성도 조용하고 태도도 우락부락하지 않았다. 그는 김정부 옹을 여러 가지 말로 위무해가며, "지금은 엄동이라 설 중에 촌보를 옮길 수 없고 새봄에는 꼭 노인님을 환가시킬 터이니 안심하시라." 고 하였다.

그러면서 부하 간수에게 특별 우대하기를 명하였다.

비적 수괴인 그는 골격이 여물어 보이고 말 잘하고 뱃심 있어 보였다. 나이에 비해 풍상을 겪은지라, 노숙해 보이는 그였다. 그는 마적대장이라 지칭함이 그럴듯 하더라고 김정부 옹은 여러 번 말하였다. 과연 그는 만주 벌판이 좁다 하고 마적 대장으로 일생을 마칠 터인가. 그의 나이 아직 젊거니, 방향을 전환할 것인가. 장래여하?

"토벌군이 온듯 하니, 시급히 옥을 옮겨라."

내무 부관의 통첩이었다. 그리고 부관이 다음 날에 옥으로 갈 터이니 내일 꼭 이사하도록 준비하라는 것이었다.

다음 날, 아무리 내무원을 고대하여도 오지 않음으로, 그 곳에서 5리나 되는 곳으로 옥을 옮겼다. 그 집은 만일의 위험을 방비하기 위하여 여름에 초막을 미리 지어 두었던 것이다.

온다고 약속한 부관은 그 후 3일이 지나도 소식이 없고, 식량은 벌써 다 먹어버렸다. 일은 점점 미궁으로 들어가는 판이다. 생각다 못해 얼어죽은 말고기를 가져다 벌써 3일이나 먹었다.

내무부로 가보니, 어디로 도망을 갔는지 텅 비어 있다는 전갈이 왔다. 그리고 간수 한 놈이 땀을 흘리며 달려오더니, 밀정인 듯한 두 명을 발견하였다고 하였다.

"머지않아 이곳을 습격할지 모르니 시급히 피신하자"는 것이 그 간수놈의 제안이었다. 놈들의 눈이 동그랗다. 일은 난 것이다.

'하늘님이시여! 이 마굴의 열쇠를 열어주옵소서.' 하고 옥인들은 얼마나 축원했는지 모른다.

양식도 끊어지고 여기서는 그냥 눈 속의 고혼이 될 것이니, 사람이 사는 촌락으로 찾아가자며 봇짐을 지고 떠나려고 할 때에 간수들은 "너희들은 우리가 식량을 얻어올 때까지 여기에 있어라."는 명령을 내렸다.

그 동안에는 소미 1말과 감분(甘粉) 1되가 있으니 연명하라고, 이렇게 말하면서 가버렸다. 말하자면 그들은 궁여일책으로 줄행랑을 친 판국이었다.

두 조국

현대는 이념의 세계에서 탈이념의 세계로 빠르게 바뀌어 가고 있다. 그런데 지구촌에 딱 한 군데, 이념으로 나누어진 채 서로 적대시하는 곳이 있다. 바로 한반도다.

분단 극복과 탈이념의 사회를 생각하다가 전에 읽었던 「빨치산 토벌대장 차일혁 수기」라는 책을 다시 꺼내들었다. 분단과 전쟁으로 얼룩진 시공간 하에 차일혁과 빨치산이 있었다. 이들은 '다름'을 인정하지 않았기에 발생했던 전쟁터에서 대치하였다.

차일혁에 관한 나의 기억은 「빨치산 토벌대장 차일혁 수기」에서 비롯되었다. 여기에 나의 외삼촌이나 나의 고향 사람들의 기억이 보태졌다.

나의 외삼촌은 전설처럼 회자되던 차일혁에 관한 숱한 일화들을 또렷하게 기억하고 있었다. 물론 외삼촌과 같은 제 3자의 기억에는 사실과 동떨어진 내용이 들어 있을 수도 있다. 하지만 이들의 기억 자체를 나는 소중히 여긴다.

길진의 어려서 기억은 아버지의 죽음에서 시작되었다. 그리고 아버지의 죽음으로부터 시작된 가난과 숱한 이사가 기억의 전부다.

길진의 가족이 이사하던 어느 날, 이삿짐에서 둔탁한 물건 하나가 떨어지면서 날카로운 금속성 소리를 내었다. 떨어져 소리를 낸 건 개 밥그릇으로 쓰인 철모였다.

철모가 떨어지는 바람에 주저 앉은 길진의 어머니는 이내 흐느끼기 시작했다. 철모는 남편의 유일한 유품이었기 때문이다. 서른여덟에 세상을 등진 남편을 생각하면서 길진의 어머니는 서럽게 운 것이다.

이사를 안 했더라면 진돌이가 혀로 핥고 있을 철모였다. 어머니 옆에 쪼그리고 앉은 길진은 닳아서 번질번질해진 철모를 어루만졌다. 진돌이가 혀로 핥은 탓에 녹과 페인트 자국으로 볼썽사나운 겉과는 달리 철모 안은 반들반들 윤기가 나 있었다.

철모 겉에는 이름 석 자가 또렷하게 새겨져 있었다. 차일혁. 차일혁은 유명한 빨치산 토벌대장으로, 길진의 아버지였다. 철모 소리와 함께 어머니의 흐느끼는 소리는 길진으로 하여금 어릴 적 일을 떠올리게 하였다.

지금부터 6년 전의 길진은 감당할 수 없을 정도의 큰일을 겪었다. 6년 전의 어느 여름날로 길진은 기억한다.

숨을 쉬기조차 어려울 정도의 무더위가 연일 계속되는 1958년 8월의 어느 날이었다. 더군다나 오후 2시는 햇볕이 모래를 뜨겁게 달굴 시간이었다. 무더위는 길진과 길진의 아버지를 강으로 내몰았다.

"아빠, 발바닥이 뜨거워요."

"내 등에 업혀라."

등에 업혀서 간 곳은 끝없이 펼쳐진 모래톱이었다. 땀으로 후줄근

한 아빠 등에 업혀서 내려다 본 강은 푸른 물줄기가 굽이쳐 흐르는 금강이었다. 멀리서와는 달리 강폭은 끝이 없었고, 거칠기가 짝이 없는 물살은 쉼없이 찰싹거렸다.

길진의 아버지는 모래톱 위로 솟은 둥글납작한 바위에 걸터앉았다. 이어 담배를 꺼내 물더니 긴 한숨과 함께 담배 연기를 내뿜었다. 반도 채 타기 전에 담배를 다시 꺼내 물더니, 이러기를 여러 차례 하였다.

공주로 온 이후 아버지의 말수는 이전보다 더욱 더 줄었다.

강가에 앉아서는 무슨 생각에 잠기었는지, 물줄기만 물끄러미 한 시간이 넘도록 바라다 보았다. 그러던 아버지는 담뱃갑을 주머니에 넣는 등 주변 정리를 하였다.

주변을 정리한 뒤에야 서서히 옷을 벗는 길진의 아버지 몸매는 근육질로 다져져 있었다. 물 가두기 놀이를 하던 길진은 어느 새 강물에 뛰어든 아버지의 뒷모습밖엔 보지 못하였다.

"아빠, 난?"

아버지는 이미 물속에 있었다.

"길진아, 곧 올 테니 얕은 물에 발만 담그고 있어라, 알았지?"

"예."

아버지는 어느 새 강 한 가운데로 나아가고 있었다.

아버지의 수영 실력은 어린 길진의 눈에도 빼어났다. 강 건너 언덕에 올라 잠시 쉬었다가 이쪽으로 다시 헤엄쳐 오는 것은 아버지의 아주 쉬운 일 가운데 하나였다.

길진의 아버지는 경찰서장이었다. 길진은 경찰서장은 용감한 경찰

가운데 대장이며, 따라서 수영 실력도 제일 뛰어난 사람만이 될 수 있다고 믿었었다. 실제로, 길진의 아버지는 동료 경찰들과의 수영 시합에서도 곧잘 수위를 달렸다.

서장님의 수영 실력은 국가 대표급입니다요라고, 이구동성으로 얘기할 정도였다.

멀리 산성이 보이는 나지막한 산등성이 위로 하얀 뭉게구름이 피어올랐다. 언덕 위 플라타너스의 매미들은 귀가 따가울 정도로 울어댔다. 길진은 가물거리는 아버지의 뒷모습을 눈이 아프도록 지켜보았다. 다른 때와는 달리, 길진의 눈에는 아버지의 모습이 점점 희미해져갔다.

손으로 부빈 뒤에 눈을 동그랗게 뜨고 열심히 아버지를 찾았으나, 길진은 끝내 아버지를 찾지 못하였다.

길진은 강 건너편 언덕으로 눈길을 돌렸다. 언덕에 도달할 시간은 아니었는데도, 혹시 가 계실 지 모른다는 생각에서였다.

언덕의 하늘로 치솟은 몇 그루의 나무와 일하는 농부들의 모습들이 가물거렸다. 길진은 혹시 일하는 사람들 틈에 계실까해서 눈을 커다랗게 뜨고, 한사람 한사람의 움직임을 낱낱이 살폈다. 그러나 끝내 아버지와 비슷한 움직임은 찾을 수 없었다.

괸 침을 꿀꺽 삼키고 다시 목을 길게 늘이고서 맞은 편 언덕을 뚫어지라 바라다보기를 몇 차례 더했다.

그때, 강 건너 언덕에서 뭐라 뭐라 외치는 사람의 소리가 들렸다. 그 소리는 점점 더 크게 들려왔다.

"사람이 빠졌어! 사람이 물에 빠졌어!"

길진은 분명 그렇게 들었다. 그러나 물에 빠진 사람이 아버지라고는 생각하지 않았다. 여태까지 물속에서의 아버지는 그 어떤 위험도, 아니 아주 작은 위험 따위도 만난 적이 없기 때문이다. 아무리 거친 강물일지라도 아버지를 만나면 유순한 강아지처럼 흐르곤 하였기 때문이다.

시간이 꽤 흘렀다. 등 뒤에서 순찰차 한 대가 먼지를 일으키며 모래톱으로 들어오고 있었다. 차가 더 이상 진입할 수 없게 되자, 경찰 복장을 한 서너 명의 사람들이 길진이 있는 쪽으로 안간힘을 다해 달려왔다. 그 중 한 분은 길진도 잘 아는 김경사였다.

그때부터 불길한 예감이 길진의 머리를 채우기 시작했다. 김경사를 보자마자 길진은 반가움에 울음을 속으로 삼키면서 달려들었다.

"김경사님!"

김경사는 달려드는 길진을 품으로 끌어안았다. 함께 달려온 경찰들은 곧바로 노란 고무보트를 흐르는 강물에 밀어 넣었다. 아버지에게 뭔가 불길한 일이 일어나고 있다는 것을 느낀 길진의 온몸은 부르르 떨고 있었다.

길진은 금강에서 아버지를 잃었다. 아버지의 시신을 찾는 작업은 다음 날까지 계속되었다. 흐느끼는 어머니의 곁에서 길진은 어느 순간에 잠이 들었다. 그러다가 비몽사몽간에 어머니의 울음소리를 듣게 되었다.

부산하게 사람들의 움직이는 모습도 희미하게나마 느낄 수 있었다. 급기야, 어머니의 울음이 통곡으로 변하면서 길진은 잠에서 완전히 깨어났다.

하얀 천 속에는 길진의 아버지가 누워 있었다. 병원으로 실려 간 아버지의 사망 원인은 심장마비였다.

길진의 가족은 아버지의 죽음으로 힘에 겨워 했다. 앓아누운 어머니와 슬픔 속에서 헤어 나오지 못하는 가족들 모두 힘들어 했다. 그 와중에 아버지의 죽음과 관련하여 이상한 얘기가 또 한 번 길진의 가족을 무너지게 했다. 김경사님를 불러서 그 이상한 얘기를 확인하던 길진의 어머니는 끝내 실신하고야 말았다.

"길진이 있던 곳에서 강 하류 쪽으로 대략 십리쯤 가서야 발견했시유. 그런데 그게 아니었다면 바다까지 갈 뻔했지 뭐여유."

"그거라니요?"

"아, 그 탱크 말여유. 서장님께서 인민군 탱크에 걸리셨다잖아유."

길진의 아버지는 6·25전쟁(한국전쟁이라고도 함) 때 수장된 인민군 탱크에 걸려 있었던 것이다.

깨어난 어머니는 끝내 그렇게 가시었군요, 라는 말 한 마디를 내뱉고서는 또 다시 실신하였다.

이삿짐에서 떨어진 철모 소리에 흐느끼는 어머니의 모습에서 길진은 아버지를 떠올렸다. 길진이 알고 있는 아버지는 강직하고 투철한 경찰이었다. 전쟁이 나면서 빨치산 토벌대 대장이었고 전쟁이 끝나면서는 다시 경찰이었다.

길진의 가족이 아픈 기억이 있는 금강을 떠나 이사한 곳은 서울이었다. 아버지를 잃은 지 6년째가 되던 해였다. 서울 생활은 길진에게 많은 어려움을 안겨 주었다. 그러나 길진은 회피하지 않았다.

한번은 아버지의 부하 대원이었다는 어느 분이 길진의 집을 찾았다. 어머니와 많은 얘기를 나누던 그 분을 통해서 어머니에 의해서 아버지의 많은 유품이 불살라졌다는 것을 알게 되었다. 겨우 남은 건 철모 하나, 그것도 개밥그릇으로 쓰기 위해서 남긴 것이었다.

키도 크고 생각도 많아진 길진은 어머니에게 물었다.

"아버지 유품들을 왜 그렇게 빨리 없애버리셨나요?"

길진의 이러한 의문은 그로부터 수 개월이 지난 어느 겨울날, 역시 아버지의 부하 대원이었던 최순경 아저씨를 통해서 풀렸다.

"지리산에서의 일로 보복이 두려웠던 게지. 그래서 내가 없애라고 한 거야."

덧붙여서 최순경 아저씨는 아버지를 알고 싶으면 김기자를 한번 찾아가 보라는 얘기를 길진에게 남겼다. 길진은 최순경 아저씨가 알려준 김기자를 찾아나섰다.

김기자는 전쟁 당시에 종군 기자였다. 길진의 아버지가 가는 곳이면 어디든 따라다녔다는 김기자는 아버지의 육필 자료 몇 점과 취재 수첩, 그리고 사진 몇 장을 길진에게 넘겨주었다. 더불어 아버지에 대한 일화 몇 가지를 들려주었다.

그 일화 몇 토막을 소개하면 다음과 같다.

차일혁은 6·25전쟁이 시작되면서 정읍과 고창, 순창과 남원 지역을 빨치산으로부터 방어하는 임무를 맡았다. 전쟁은 오래 갔고, 차일혁은 지리산으로 직접 들어가 빨치산을 토벌하는 임무를 새롭게 부여받았다.

지리산은 피아를 막론하고 주검들이 속속 땅 속에 묻히거나 화장되고 있었다. 아니면 겁 많은 토끼처럼 꽁꽁 묶인 채 처분만을 바라면서 따라다녀야 했던, 비극의 시공간이었다.

"대장님, 저기 저 빨치산들을 보십시오. 꼭 짐승들처럼 뿔이 난 것 같습니다."

이렇게 말하는 부하 대원에게 차일혁은 다음과 같은 말을 하였다.

"저들도 우리의 형이요 아우네. 그리고 우리네 이웃집 아저씨일세. 뿔이 어디에 있다는 건가. 그런 소린 좀 심하지 않나 싶네."

"그래도, 저들은 전쟁을 일으켰고 공산주의를 하자고 하지 않았습니까?"

"그렇지만, 저들도 어찌 보면 조국을 위해 싸웠노라고 할 걸세. 그리고 조국을 위해 죽었노라고도."

"조국이라니요? 저들에게도 조국이 있습니까?"

"암, 저들에게도 조국이 있지. 저들 대부분은 항일 전사였다네. 그리고 저처럼 치열하게 싸우는 것도 어찌보면 조국 때문이라고 할 걸세. 우린 지금 두 개의 조국을 인정하지 않기에, 이처럼 비참한 전쟁을 치러야 하는 지도 모른다네. 그들이 생각하는 조국과 우리가 생각하는 조국 말일세. 이 두 조국을 진정 인정해야 하나됨을 모색할 수 있는데도 말이네."

"그럼, 앞으로 어떻게 해야 한다는 겁니까?"

부하 대원은 혼란스럽다는 듯이 뒷머리를 긁적였다. 이때 차일혁은 다음과 같은 말을 부하 대원에게 남겼다.

"저기 저 밭 가는 촌로를 보게나. 저 촌로에게 공산주의가 어떻고 자본주의가 어떤가를 물어보게나."

"당연히 모른다고 하겠지요."

"바로 그걸세. 공산주의건 자본주의건, 아님 민주주의조차도 모르는 그런 세상을 만들어야 한다네. 오로지, 사람 사는 세상을."

김기자가 들려준 앞의 일화는 길진에게 매우 감동적이었다.

길진은 김기자가 건네 준 육필 원고를 읽고 또 읽었다.

그 육필 원고 일부를 소개하면 다음과 같다.

1951년 1·4 후퇴로 서울을 중공군에게 다시 내주고 아군은 후퇴하기 시작했다. 처녀 작전을 끝내고 오랜만에 신정 휴가 겸 집에서 며칠을 쉬었지만, 나의 마음은 편치 못했다.

지리산에서 5년을 넘게 빨치산으로 이산저산 누비며 신출귀몰하던 이현상의 주검이 내 눈앞에 놓여 있었다. 전설처럼, 홍길동처럼 불사신 같다던 빨치산 총대장이라지만 한 인간에 지나지 않았다. 스님을 모시고 염불을 올리고, 정중하게 화장을 했다.

불에 탄 이현상의 뼈를 내 철모에다 넣고 소총으로 빻아서, 섬진강에 뿌렸다. 그리고 권총으로 허공을 향해 세 발을 쏘았다. 이는 그의 마지막 가는 길에 부치는 나의 조사였다. 동족 간의 비극이 다시는 일어나지 않기를 기원하는 나의 외침이기도 하였다.

죽은 이현상을 부둥켜안고 울었던 빨치산 김은석을 군부대에 인계하지 않았다. 그가 너무 어렸기 때문이다. 거기에다 심한 부상까지 입었기 때문이다. 어떻게든 그를 구하고 싶어, 절친한 친구가 운영하는 남원의 한 병원으로 그를 후송했다.

지프에 올라 탄 김은석은 또렷한 눈망울로 나와 마주하였다. 갸름한 얼굴의 김은석이 어떻게 저 험준한 지리산 바닥을 누볐을까. 나는 김은석을 바라보며 이렇게 속으로 말했다.

'우리 다시 만날 때는 공산주의도 자본주의도 없는 세상이었으면 좋겠다.'

이사 당시에 땅에 떨어진 그 철모 안에다 이현상의 뼈를 넣고 갈았다니, 길진은 이런 사실에 놀라움을 금치 못하였다.

길진이 김기자를 만난 그 이후로 10여 년의 세월이 또 흘렀다.

세월은 길진을 듬직한 청년으로 만들었다. 어느 날 길진은 김기자가 건네준 자료를 들고서 지리산으로 들어갔다. 아버지가 그랬던 것처럼, 험준한 산을 타면서 아버지에 대해 증언해 줄 사람을 찾아나섰다.

기약도 없이 아버지를 찾는 일에 뛰어든 것이다. 아버지를 찾는 일은 바로 길진 자신을 찾는 일이기도 하였다. 아니, 산 자인 우리 모두를 찾는 일이었다.

"아, 그분과 많이 닮으셨어예. 차대장님은요, 아무 빨치산이나 죽이지 않았어예. 마, 주로 이들을 교화하고 전향시키셨지예. 죽은 빨치산의 장례는 차대장님이 도맡아서 치뤘어예. 난리통에서도 참으로 인자하셨지예. 여름철 폭우로 차대장님 부대가 계곡에서 진퇴양난에 빠졌을 때였지예. 차대장님 부대 쪽에서는 큰 위험을 기다릴 수밖에 없었는데, 아연 빨치산들이 공격을 하지 않더라는 거예요. 이쪽 사람들은 마, 차대장님이 난리통에서도 쌓은 덕분이라, 그리 생각하지예. 이현상이라는 빨치산 대장이 죽었을 때도 차대장님께서 정중하게 화장해 드렸다지예."

길진이 지리산을 누빈 지 수 년 째.

길진은 아버지에 대한 적지 않은 얘기를 들을 수 있었고, 들었던 얘기들을 정리해서 출판한 책이 바로 「빨치산 토벌대장 차일혁 수기」다. 앞표지에는 안경을 끼고 철모를 쓴 차일혁 대장의 모습이, 뒷표지에는 역시 안경을 쓴 빨치산 대장 이현상의 모습이 선명하게 인쇄되어 있었다.

이 둘은 말과 글이 같고 산수갑산에서 함께 살았던 우리네 이웃이었다. 더욱이 이 둘은 지평선의 고장 김제와 김제의 지척인 금산(지금은 충청남도)에서 태어났으며, 잠시이긴 하나 고창고등보통학교에서 수학한 인연이 있다.

이현상이 국내에서 반일 동맹 휴학을 주도하고 6·10만세운동과 신간회 활동 등에 적극 참여하였다면, 차일혁은 일제가 대륙을 본격 침략하던 때에 중국으로 건너가 항일 투쟁의 선봉에 섰다. 단지, 이현상이 사회주의 혁명을 통한 조국 해방을 꿈꿔왔다면 차일혁은 자유를 갈망하는 아나키스트였다. 이렇듯 둘은 생각하는 조국이 서로 달랐을 뿐이다.

파란만장한 근대사는 분단이라는 결정체를 낳았다. 그리고 분단은 우리의 현대사를 굴곡지게 만들었다. 빨치산 토벌대장이던 아버지의 죽음을 추적한 길진은 좌우의 극한 대립의 현대사를 확인하게 되었다.

근대사에서의 좌우는 '하나' 일 수 있지만 현대사에서 좌우는 '둘', 즉 '다름' 이었다. 진정 '다름' 을 인정해야 '같음' 을 볼 수 있다던 아버지에게서 '하나됨' 의 가능성을 찾게 되는 길진은 지리산의 모든 고혼을 위로해야 하는 업을 갖게 되었다.

금강산 e-메일

내가 금강산을 찾은 것은 2006년 겨울. 관광을 끝내고 민통선을 거쳐서 남으로 내려오면서 떠올린 몇 가지 우려를 나는 아직도 기억하고 있다. 우려는, 전보다 남북 관계가 진전되었다지만 제도적으로 뒷받침 되지 않은 남북 관계는 장기적으로 불안정할 수밖에 없다는 것이다. 또한, 체제 경쟁에서 남측이 압도하면서 북쪽에서 큰 변화가 일었을 때 남측 자본의 행태를 지레 짐작하면서 갖는, 그런 자질구레한 걱정이 있다.

남북 관계가 경색돼버린 2009년에 할 수 있는 걱정은 분명 아니다. 작금의 솔직한 내 심정은 자본의 행태든 뭐든 간에 남북 관계가 이 전 상태로만 회복되었으면 하는 바람 뿐이다.

먼 미래에나 가능할 걱정을 한번 읽어봐 주기 바란다.

아빠의 e-메일이 여러 개 도착했다. 엄마께 보낸 것인데, 우린 엄마의 허락 아래 아빠의 메일을 볼 수 있었다. 그 가운데는 스마트폰으로 금강산의 아름다운 풍경을 담아서 보낸 동영상 파일도 여럿 있었다. 십 년 만에 다시 찾은 금강산의 아름다운 모습과 함께 아빠의 현장감 있는 멘트가 돋보였다.

2006년 2월에 우리 가족 모두는 금강산을 관광했다. 돌아오는 길에 아빤 다음과 같은 말을 하셨다.

"북측이 개방되는 것은 고무적이지만 한편으로는 그들에게 또 다른 고통의 시작이 될 수도 있겠다."

한 달 급여가 수 천 원 남짓한 그들이 남측 사람들을 쉬이 만나고, 달러나 원화의 위력을 인식하면서 겪는 상대적 박탈감이 자칫 그들에게 커다란 상처가 될 수 있다는, 우려 섞인 말이었다.

그리고 십 년이 지난 2016년 오늘, 금강산으로 출장 가 계신 아빠는 동영상과 함께 몇 편의 글을 보내왔다. 그 가운데 우리의 가슴을 무겁게 하는 한 편의 글을 소개하겠다.

사랑하는 아내여, 십 년 전에 우리 가족이 찾았던 금강산과는 많은 것이 달라져 있어. 우선 내가 머무는 호텔에서 스마트폰이나 인터넷으로 남측의 가족들에게 소식을 전하는 것만 보아도 커다란 변화라 할 수 있지. 말 그대로 상전벽해네. 제일 먼저 눈에 띈 변화는 색이네. 잿빛 세상이 마법에서 풀린 양 화려한 색으로 갈아입기 시작했어.

이곳 금강산 일대는 북측의 일반 사회와는 많은 것이 달라. 이곳은 관광 특별 구역화 돼, 마치 남측의 어느 국립공원에 온 것 같아. 철저한 통제 속의 십 년 전과는 전혀 다른 관광이 되고 있네.

느슨해진 검문은 북으로 향한다는 긴장감조차 없어. 군사 분계선을 넘어서, 들어오는 북녘의 산하가 제법 울창해졌어. 북녘의 산하만이 아닌, 사람들의 표정도 바뀌었어. 전에는 호텔이나 매장에서 근무하는 이들 말고는 거의 표정이 없는 얼굴이었잖아. 그런데 온정리나 고성읍내에 나가 보면 사람들의 표정이 한결 밝고 활기에 차 있어.

남측 자본에 의해 아름답고 규모가 큰 호텔도 여럿 지어졌어. 골프장과 온천은 물론이고 디즈니랜드 같은 대형 놀이 시설도 들어서 있고. 남측의 대형 병원과 금융 기관들도 고성읍에 이미 진출해 있어. 작년 한 해에만 대형 할인 매장 두 개가 온정리와 고성읍내에 각각 들어섰어. 중국의 홍콩처럼, 금강산은 북측의 전반적인 사회와는 다른 별유천지가 돼 가고 있는 느낌이네.

구룡폭과 만물상으로 오르는 입구에도 세련되고 깨끗한 편의 시설이 들어서, 산행이 한결 편리해졌어. 해금강에는 유람선이 분주히 다니고, 삼일포에서는 이른 윈드서핑까지 한창이라네.

만물상 가는 쪽에도 케이블카와 열차가 다닐 수 있는 수직 궤도가 놓여 있어. 케이블카와 열차를 타고 천선대까지 오르기도 하고, 하늘문을 통과해 내금강으로 곧바로 들어갈 수도 있지.

금강산청년역에서 전철을 타면 동해의 비경을 보면서 원산으로 갈 수도 있어. 해수욕이나 쇼핑을 마친 후에는 원산에서 출발하는 유람선을 타고 곧바로 고성으로 돌아오기도 하지.

북한에서는 금강산의 변화상을 향후 북한 사회주의 체제의 전범으로 인식하는 듯 해. 그런데 말이야, 변화된 금강산을 보면서 내내 무거운 생각들이 내 머리를 짓누르네.

십 년 전의 통행 금지 구역이었던 온정리 마을의 밤은 불야성이야. 호텔, 카지노, 노래방, 찜질방, 고급 술집 등이 즐비해. 모두 남측 자본이 들어가서 생긴 것들이지.

순박하기만 하던 북쪽 여자들은 쉬이 돈을 벌 수 있는 이곳으로 자꾸만 모여든다네. 북측 당국은 온정리의 불야성에 대해 제재를 가하는 시늉만을 하고 있어. 북한 당국으로서는 이곳 온정리는 달러를 캐는 국영 금광이나 마찬가지거든.

돈맛을 안 이곳 사람들의 열정을 가라앉히기에는 너무 늦어버린 게 아닌가 생각 돼. 인근의 평강이나 원산 등지에서 위험을 무릅쓰고 이곳 온정리로 숨어들다가 검속을 당해 추방당한 사람들이 비일비재하대.

자본주의는 이미 북측 전역의 대세로 자리잡아 가고 있는 추세라고 보면 틀림이 없어.

온정리의 쓰레기와 오폐수가 잘 정화되지 않은 채 방출되는 것도 문제야. 사람이 많아진 만큼 오염 물질도 많아지게 마련이지. 마을과 읍내에서 흘러드는 오폐수가 청정하기가 이를 데 없던 해금강을 흐려 놓고 있거든.

더욱이 내 마음을 무겁게 짓누른 것은 남측 일부 졸부들의 행태야. 이들 관광의 주요 목적은 주색잡기야. 부끄러운 관광은 인근 고성읍이나 원산으로 확산되고 있다네. 경제 개발 시대에 일본인들이 기생관광하러 우리나라에 들락거렸듯이 말이야.

십 년 전의 온정리 인근은 깊고 웅숭한 계곡으로부터 수백만 년, 아니 수천만 년에 걸쳐서 굴러온 둥근 돌들이 널렸었잖아. 옛날 문인화에서나 봄직한 예쁜 돌들을 당신은 연신 어루만지며 감탄하곤 했었지. 그런데 보호 구역을 제외한 나머지 개울가의 돌들이 감쪽같이 사라져버린 거야. 궁금해서 안내 요원에게 물었지.

"계곡의 둥근 돌들은 다 어디로 갔나요?"

그들도 모른다고 하대. 그런데 해금강이 한 눈에 내려다 보이는 언덕 위의 형형색색의 별장 마을에 들어서서야 그 돌들의 행방을 알 수 있게 되었다네. 남측 부자들의 고급스런 대저택과도 같은 별장의 정원석으로 그 돌들은 채워지고 있었던 거야.

참으로 기가 막혔지. 그것도 모자라, 둥근 돌들을 채석하기 위해서 야트막한 돌산 하나를 부수는 장면도 목격했어. 자본은 실로 보이는 것만이 아닌, 사람의 생각까지도 바꿔놓더라고.

북측의 절대 권력은 권력의 사유화를 위해서 산과 계곡의 기암괴석에다가 온갖 정치적 선전 문구들을 채워 놓았었지. 십여 년 전에 그걸 보면서 난 당신에게 이런 농담을 한 적이 있었잖아.

"북녘은 금석문으로 통치하는 세상이구먼."

해금강이나 삼일포는 물론이고 온정리와 고성항 주변까지, 온통 붉은 칠을 한 금석문 일색의 기암괴석들이 널려 있었잖아. 당시에 안내 요원은 금석문을 미화하고 선전하기에 급급했고, 우린 인내심으로 안내 요원의 유치한 선전구들을 들어야 했지. 체제 홍보를 한답시고 한 게 되레 체제의 취부만을 드러나게 하는 단견은 국가 사회주의 체제에서 능히 예견되는 것들이지.

어쨌든, 십여 년이 지난 지금의 기암괴석의 금석문들의 몰골은 말이 아니었어. 심하게 훼손된 그것들이 흉측스럽기까지 해. 북측 당국도 이 때문에 골머리를 앓고 있는 듯 해.

자유의 맛을 안 이곳 사람들이 밤이면 줄을 타고 내려가서 금석문에 페인트로 범벅을 해놓는다거나, 또는 망치와 정으로 그것들을 망가뜨리고 있어. 이는 또 다른 훼손이야. 심히 우려가 돼.

이곳에 교회가 하나 둘씩 채워지고 있는 것도 큰 변화네. 여타 종교도 발 빠르게 움직이고 있긴 하지만, 교회는 워낙 유난하잖아. 북측의 법에 따르면 교회는 설립될 수가 없어. 하지만 달러의 위력 앞에서 북측의 법은 무기력하기만 하다네.

이곳의 교회는 학교를 운영하고 양로원과 병원을 신설해주는 대가로 설립된 거야. 과열 양상까지 보이는 금강산 선교는 이곳 사람들을 또 다른 혼란의 도가니로 몰아가고 있다는 느낌이네.

곳곳에 세워진 대형 간판에 교회를 알리는 문구가 흡사 금수강산 기암괴벽에 쓰인 정치적 선전 문구들을 연상케 하네.

십 년 전의 금강산은 시간이 정지된 회색빛 세상이었지만, 깨끗한 자연과 순결함을 간직한 몇 안 남은 우리네 어머니였었지. 십 년이 흐른 지금의 금강산은 남측 사회와 그 어느 것 하나 다르지 않아. 다행히 내금강 쪽은 관광 특별 구역에서 제외가 되었다니, 천만 다행이야.

금강산과 같은 몇몇 관광 특별 구역이 북측 사회의 개방을 주도한다네. 통일은 이미 예약돼 있지만 남과 북 양측 모두 섣불리 접근하지 않는 이유로, 혼란을 들 수 있다네. 아무튼 통일의 그 날은 점점 다가오고 있지만 우리가 목 놓아 찾던 우리네 어머니는 점점 우리의 곁에서 사라져가고 있는 느낌이야.

십 년 전에 머물던 금강산 호텔의 일을 기억하는지. 너무도 벅찬 나머지 잠을 잘 수 없었던 새벽녘에 난 호텔 베란다로 나갔었지. 그 때가 정월대보름이었을 거야. 커다란 보름달이 달무리를 머금은 채 웅장하고도 뾰쪽한, 수많은 산봉우리에서 노닐었지.

고요하기만 한 직벽녘에 나는 이 장면을 훔쳐보면서 환희에 젖고 말았었지. 바로 그때부터 동이 틀 무렵까지 만물상 계곡에서 부는 금강내기 바람이 무섭게 울던 거 기억하지? 우우우웅, 하고 말이야.

그 소리에 놀라 잠에서 깬 당신은 잔뜩 겁에 질려 있었지. 그때 내가 했던 말 기억해?

"금강산 신선이 몰래 훔쳐보았다고 저토록 화를 내시는가보네."

바람은 무섭게 불었지만 우리 아이들은 잠을 자알 잤었지.

아무튼, 난 지금 행복한 우려를 하는 거 맞지?

2015년 6월 17일

금강산에서 남편이.

아빠의 지도

십여 년 전이었을 것이다. 실향민들이 많이 산다는 속초의 아바이 마을에서 며칠을 묵은 적이 있다.

외지에서 쓸쓸하기만 하던 차에 민박집 주인의 예닐곱 된 아이와 동무하게 되었다. 민박집의 아이는 어리지만 유머가 있었고, 구수한 정담도 곧잘 하였다. 구수한 정담 가운데는 실향민인 자기 아버지에 관한 얘기가 있었다.

당시 아바이마을에서 들었던 민박집 아이의 이야기를 나는 지금도 기억한다. 나는 피카소의 〈한국에서의 대량 학살〉이라는 작품 설명을 곁들여서 아바이마을에서 들었던 이야기를 아이들에게 가끔씩 들려주곤 한다.

한 번은 우리나라 지도를 그려오라는 숙제를 선생님으로부터 제시받았다고 하대요. 열심히 지도를 그리는 아빠를 지켜보시던 아빠의 아빠인 할아버지께서 갑자기 이런 호통을 치셨다네요.

"에끼, 그리려면 다 그릴 것이지, 반쪽이 뭐야! 반쪽이!"

호통을 들은 아빠는 뒷머리를 긁적이면서 불퉁거렸대요.

"우리나랄 그린 걸요."

이때 할아버지는,

"에끼, 북쪽이 없는 우리나라가 다 있슴메?"

라고 탓하셨다네요. 아빠는 지지 않고,

"아, 이북이 어디 우리나랍니까?"

하고 대들었다대요.

"허, 쯧쯧."

어찌할 줄을 몰라 하던 할아버지는 그저 혀만 끌끌 찼다네요.

아빤, 할아버지의 고향이 고성이라는 걸 잊고서 그랬던 것일까요? 아빠는 뒤늦게 할아버지의 고향을 생각하면서, 우리나라 지도를 다시 그리기 시작하였대요.

이튿날, 사회 시간에 그린 지도를 제출한 그 즉시 아빠는 선생님으로부터 호된 질책을 받았다네요.

"이 에미나이가, 으째해서 이게 우리나란 말임메!"

"예?"

이미 아빠의 눈가에는 왕방울만한 눈물이 뚝뚝 흘러내렸대요.

"으째해서 이게 우리나란 말임메?"

선생님은 아빠가 그린 지도를 흔들어 보이며, 아빠를 다그치고 다그쳤대요.

그때 아빤 선생님께 이렇게 대들었다네요.

"우리 아빠가 그러시는데 이북도 우리나라래요!"

어안이 벙벙했던지, 선생님은 한동안 말을 잇지 못했대요.

주변의 아이들은 숨도 크게 쉴 수 없었대요. 얼마 후, 고개를 들은 아이들은 선생님을 슬그머니 볼 수 있었는데, 글쎄 선생님의 눈가에 물방울이 맺혀 있더래요.

그날 수업을 자율 학습으로 돌린 선생님은 창을 통해 북녘 하늘을 내내 응시했대요. 뒤에 안 일이지만, 선생님의 고향은 황해도 신천, 그곳에서 부모 형제를 모두 잃고 월남했대요.

1950년 한국전쟁 당시에 신천을 위시한 황해도 전역에서 생각하기도 끔찍한 좌우익의 보복성 대학살이 있었다. 일본에 있으면서 이 소식을 전해 듣고서 그렸다는 피카소의 그림이 바로 〈한국에서의 대량학살〉이다.

5부
자아의 연대

5·18과 바나나

1980년 5월에 대한 나의 기억은 고교 2학년의 수학여행과 대학 시절의 의식화된 광주, 이 두 가지였다.

5·18민주화운동을 수업하다가 아이들이 따분해할 것 같으면 예외없이 꺼내 드는 게 비장의 바나나 에피소드다. 따분한 수업을 비켜갈 절호의 기회라며, 아이들은 조용히 나의 에피소드를 경청하였다.

고교 2학년 때인 1980년 오월은 제주도 수학여행을 앞두고 있었다. 수학여행을 앞둔 학교는 광주의 여파로 술렁거렸다. 그러나 이러한 분위기와 상관없이 수학여행은 추진되고 있었다.

5월이 다가오면서 모두들 들뜬 분위기에 젖어 있었지만, 난 그런 분위기에 동참할 수가 없었다. 당시에 나는 수학여행을 갈 형편이 아니었기 때문이다.

"나중에 네가 성공하면 제주도 아니 하와이도 갈 수 있단다."

가족 누구 하나 아버지의 이처럼 투박하고도 간단명료한 결정에 이의를 제기할 수 없었다.

당시 아버지의 일은 시원찮았고, 우리 가족은 경제적으로 적잖은 어려움에 처해 있었다. 아버지의 일이 아니더라도 수학여행을 보낼 만큼의 여유로운 집은 그렇게 많지 않았던 게 당시 시골 사정이었다. 어머니의 입장도 아버지와 크게 다르지 않았다.

"네 형과 누님들도 안 갔다."

그런데 형과 누님들의 입장은 달랐다. 자기들이 가지 못했기에 동생인 나를 더욱 보내고 싶어 했다. 누님들은 아버지보다 얘기하기가 편한 어머니께 기회 있을 때마다 이렇게 말했다.

"남들 다 가고 애만 남는다는데 보내야지. 응, 엄마!"

그러나 없는 경비가 어디서 불쑥 나올 턱이 없었다.

끝내 수학여행을 포기하겠다고 담임선생님에게 얘기하고 돌아온 날 저녁, 술에 약간 취한 듯한 형이 화를 풀듯이 아버지께 이렇게 얘기하는 것이었다.

"어떻게든 내가 보냅니다. 자, 여기 돈 있어요."

아버지 대신에 농사일을 도맡던 형은 필시 그 돈을 어느 누구에게서 빌려 왔을 터였다. 아버지는 아무 말없이 돈을 형의 무릎 쪽으로 밀쳤다. 그러시고는 어디론지 휑하니 나가버렸다.

나는 그날 밤 잠자리를 뒤척이다가 제주도를 보았다. 처음엔 돈뭉치가 아른거렸으나 이내 사라지면서 바다를 끼고 있는 푸른 제주도가 나타났다. 난 난생 처음 보는 야자나무와 종려나무 숲 속을 난 걷고 있었다.

다음날 아침, 어머니는 공부를 더욱 열심히 해야 한다는 조건으로 여행 경비를 바지 주머니에 넣어주셨다. 이렇게 해서 가게 된 수학여행이다.

학교의 분위기는 계속해서 어수선했다. 수학여행 떠나기 하루 전까지만 해도 여행을 가느니 못 가느니, 하는 말들이 분분하였다. 이러한 분위기나 술렁거림의 시작은 광주였다. 어린 나이였지만, 모든 신경이 광주에 쏠렸던 시절이었다.

간간이 수업 시간에 시국을 한탄해 하는 선생님들의 은유적인 얘기를 들으면서 광주에서 심상치 않은 일이 일어나고 있다는 것을 느꼈다. 3학년 선배들을 중심으로 데모가 계획되고 있다는 소문도 은밀하게 들렸다.

1980년 5월의 이런 저런 일들은 물 먹은 솜처럼 우리의 마음을 무겁게 하였다.

수학여행 출발일부터 열차는 머뭇거렸다. 혹시라도 여행이 취소되는게 아닌가, 하는 걱정이 가슴팍을 조였다. 우려와는 달리, 열차는 목포를 향해 출발하였다.

열차는 두 개의 긴 터널을 뚫고서 전라남도라는 이정표를 스쳐 지나갔다. 이때 우리는 하나같이 안도하였다. 열차는 뒤로 갈 수 없다는 상식을 떠올리면서.

광주 인근 역에 도착한 열차는 적지 않은 시간을 지체하였다. 군복 차림의 군인 두어 명이 올라탄 뒤에야 열차는 출발하였다. 열차는 송정리역을 지나 남쪽 끝을 향해 내달렸다. 선생님 몇이서 맥주를 마시면서 광주 때문에 그냥 지나쳤다고, 두런두런하였다.

열차의 목적지인 목포에 도착하였다. 진한 바다 냄새가 코 안으로 스며들었다. 비릿한 내음은 나의 수학여행을 둘러싼 온갖 갈등과 어지러운 심사를 말끔히 가시게 했다.

끝없이 펼쳐진 진푸른 바다를 내 안에 넣을 수 있다는 현실을 나는 사랑하면서 선생님들이 나눠준 나무도시락을 꺼내 먹었다. 대팻밥처럼 얇디 얇은 나무로 된 곽 속에는 쌀밥과 콩자반 조금과 단무지 몇 조작이 고작이었다.

뱃고동 소리, 갈매기 끼룩끼룩 하는 소리, 분주하게 짐을 나르는 인부들, 이 모든 것들이 나에겐 이채롭고도 아름다웠다. 난 여태껏 이렇게 큰 바다, 이렇게 큰 항구와 배를 본 적이 없었다.

나는 내 앞에 펼쳐지는 그림 하나하나를 내 안에다 차곡차곡 집어넣었다. 아무리 힘든 일이 있어도 저 바다처럼 거침없이 살아가리라 마음을 굳게 먹기도 하였다.

바다는 경이로웠다. 아버지와 형 사이에 오가는 돈뭉치 신경전은 까맣게 잊었다. 오로지 앞으로 내가 할 일, 내가 할 수 있는 일들을 나는 꿈꾸었다. 사십여 평생을 살아오면서 힘든 일이 있음 바다를 찾는 버릇은 이때부터 생긴 것 같다.

우리가 탄 배는 가야호라는 배였다. 얼마 전에 나의 가족이 제주를 가기 위해 승용차와 함께 실었던 시월드 카훼리호와는 비교도 할 수 없는, 작고 볼품 없는 배였다. 그러나 당시 내 눈에 비친 가야호는 놀라울 정도로 크고 멋진 배였다.

뱃고동 소리와 함께 힘차게 출발하는 배, 기관이 태우는 기름 냄새는 잔뜩 긴장하고 움츠렸던 우리의 마음을 가볍게 해주었다.

배가 대양으로 나아갈수록 바다의 색은 새까매졌다. 가도 가도 끝이 없이 펼쳐지는 바다 군데군데의 섬들은 우습기까지 했다.

바다에 떠 있는듯 마는듯한 섬들을 보면서 나는 우리집 개를 떠올렸다. 웅크리거나 혀를 반쯤 내밀며 먹이를 달라고 졸라대는 우리집 개를 나는 바다의 섬들에게서 찾고 있었다.

집생각도 잠시, 시커먼 물살을 헤치는 배는 긴장 풀린 우리들의 속을 울렁이게 했다. 갑판과 선실 여기저기에서 토악질 하는 친구들이 눈에 들어왔다. 점심나절에 먹었던 노란 단무지 조각은 매스꺼움을 일게 했지만, 난 그럴 시간이 없었다. 보이는 모든 것을 내 안에다 쓸어 넣어야 했기 때문이다. 섬과 하늘과 구름과 바람과 갈매기와 파도 소리까지.

어디가 동쪽이고 어디가 서쪽인지 분간할 수 없던 하늘이 조금씩 붉게 물들었다. 그제서야 나는 방향 감각을 되찾았다. 붉게 물든 쪽은 분명 서쪽이었다.

바로 그때, "어, 보인다!" 라는 토막 소리가 들렸다.

모두들 토악질 끝에 지쳐 잠든 사이에 나는 배의 제일 높은 곳을 향해 뛰었다.

저기다, 바로 내가 꿈꾸던 제주다!

푸르스름한 하늘 아래 육중하게 자리잡은 한라산은 신기하기만 하였다. 그렇게 푸른 제주는 내 가슴 깊숙한 곳에 내려앉기 시작하였다.

"야, 제주다! 제주야!"

나의 이 소리는 잠자던 아이들을 하나 둘씩 깨웠다. 어느 새 갑판 위는 우리들의 들뜬 생기로 출렁거렸다.

아름다운 불빛과 함께 정박한 수많은 크고 작은 배들은 우리에게 모든 것을 보여줄듯 말듯 하면서 스쳐 지나갔다. 그래서 더욱 신비로웠다. 배는 바다에서도 느렸지만 정박하는 동안도 느렸다. 하지만 우리는 눈곱만큼도 지루함을 느끼지 못했다.

숙소에 도착한 우리들은 밥을 먹는둥 마는둥 선생님들이 배정한 방으로 들어가 쓰러졌다. 그러나 나는 쓰러지지 않았다.

어떻게 온 수학여행인데….

그래서 남들 다 잘 때 혼자서 방을 빠져나왔다. 네온 사이로 무수한 건물이 보였다. 건물 사이로 가로수가 눈에 들어왔는데, 분명 꿈에서 본 그 나무들이었다.

이렇게 나의 제주에서의 수학여행은 시작되었다.

셋째 날, 우리는 용두암을 거쳐서 서귀포로 향했다. 가는 도중에 고즈넉하게 솟아 있는 한라산의 주변머리를 볼 수 있었다. 서귀포에서는 주로 폭포를 둘러보았다. 마지막, 정방폭포를 끝으로 우리는 다시 숙소로 돌아왔다.

어스름한 저녁에 술에 취한 듯한 선생님들의 모습을 볼 수 있었다. 숙소에서 한 발짝도 나와선 안 된다는 주의를 주던 선생님들의 모습은 이내 어느 좁은 골목을 끝으로 볼 수가 없었다. 우리는 선생님들의 단단한 주의에도 아랑곳하지 않았다. 마지막 날이라거니, 하면서 아이들은 몰래 술을 마셨다.

난 주머니를 뒤척였다. 누님들이 쥐어 준 얼마 안 되는 지폐가 꼬깃꼬깃해진 채 깊숙한 곳에 숨어 있었다. 펴보니, 땀에 전 돈냄새가 났다.

여관 앞에는 노점상들이 진을 치고 있었다. 처음 본 파인애플과 간혹 보았지만 먹어보지는 못한 노란 바나나와, 가끔은 그래도 먹어본 적이 있는 붉은 귤들이 자판 위에 가득 쌓여 있었다.

친구들은 파인애플을 서너 개씩을 사서 배낭에다 집어넣거니, 별도의 마분지에다 싸거니 하면서 가족들의 선물을 준비하고 있었다. 난 먼저 산 그들에게 슬그머니 가격을 물었다. 정확한 기억은 아니지만, 당시 내가 가진 돈으로는 파인애플을 살 수가 없었다. 그래서 그 옆의 바나나에게로 눈길을 돌렸던 것같다.

푸르스름하니 덜 익어 보이는, 열 일곱 개 정도 달린 바나나 한 손이 눈에 들어왔다. 이때 어느 노점상이 머뭇거리는 나를 향해 물었다.

"사게?"

그러나 내가 가지고 있는 지폐로는 덜익어 보이는 바나나를 살 수 없었다. 내가 계속 머뭇거리자 눈치 빠른 옆의 아주머니가 얼른 내게 말을 걸어 왔다.

"얼마 가지고 있는데?"

나는 손에 쥔 지폐를 펴보였다.

"이리와, 이거면 될 거야. 그거 주고 이걸 가져가."

가져가라고 한 바나나는 노랗게 익은, 처음에 눈길 준 푸르스름한 그것과 견주어 결코 빠지지 않은 바나나 한 손이었다. 난 의아해 했다. 설익은 바나나보다 잘익은 바나나가 더 싼 이유를.

이런 나의 의문이 채 가시기도 전에 노랑 바나나 한 손이 담긴 마분지 봉투가 내 손에 쥐어졌다. 마분지 봉투 하나를 더 얻어서 겹으로 싼 바나나는 내 작은가방 속으로 조심스럽게 넣어졌다. 바나나가 들어 있는 작은가방은 집으로 가는 동안 내내 나의 신주단지가 되었다.

다음 날, 봄답지 않게 더위가 기승을 부렸다. 오던 바닷길을 따라 가야호는 깊은 물살을 분주히 헤쳐 나갔다. 가는 동안 내내 무더위 때문에 우리들은 갑판에서 서성거렸다.

바다 내음이 물씬 나는 후덥지근한 바람을 맞으면서도 나는 흐린 창 너머의 작은가방에 수도 없는 눈길을 주었다.

목포항에 도착한 우리는 역으로 바로 가지 않았다. 일정과는 달리, 여객터미널에서 두어 시간을 더 기다렸던 것 같다. 역에 도착해 열차에 올라탔는데도 열차는 출발할 기미를 보이지 않았다.

인솔 교사는 분주히 여기저기를 왔다 갔다 하면서 뭔가를 듣고, 그리고 누군가에게 말을 건네곤 하였다. 수학여행은 갈 때와는 달리 귀갓길은 무척이나 지루했다.

푸른 군복의 군인들이 객차로 올라탔다. 어깨에는 익숙한, 교련 시간에 분해까지 해보았던 칼빈 소총이 거꾸로 매달려져 있었다. 객차에 올라 탄 군인들을 보면서, 우린 광주 인근의 역에서 그랬던 것처럼 어떤 쉽지 않은 문제들이 잘 해결되었겠거니, 믿었다. 그런데 군인들은 객실을 보는둥 마는둥 하더니만 어디론지 사라져버렸다.

학급의 간부들이 인솔 교사와 회합을 가졌다. 뭔가 심상치않게 돌아가고 있다는 것을 열차에 탄 우리 모두는 느낌으로 알았다. 누군가가 조용한 목소리로 이렇게 말했다.

"광주가 폭도들에게 점령당했다나봐."

아, 광주로 인해 이게 무슨 꼴이람. 얼른 집에 가서 노랗게 익은 바나나를 가족들과 함께 맛을 봐야 하는건데…. 난 안 먹더라도 가족들에겐 이국의 맛을 꼭 뵈드리고 싶은데, 그런데 열차는 한없이 머뭇거렸다.

객차에 앉아 기다리는 나의 마음은 조급함과 함께 기족들에 대한 미안함 뿐이었다.

조급한 것은 나 뿐만이 아니었다. 교감선생님과 인솔 교사들 역시 다급하기는 마찬가지였다.

회합이 끝난 간부들은 이렇게 말하였다. 광주 때문에 버스를 타고 우회해서, 전라선으로 가는 수밖에 없을 것 같다고. 그 때가 저녁 여덟 시를 넘기고서였다. 이때쯤이면 집에 도착해 있어야 할 시간이었다.

더위는 저녁이 돼서야 수그러들었다. 출출했고, 그때 간부들은 돈을 걷는다고 야단이었다. 대부분은 돈을 담임선생님에게 빌렸다. 이미 선물을 산다며 용돈을 다 쓴 뒤였기 때문이다.

얼마 뒤, 제주 가는 배를 기다리면서 먹었던 나무도시락이 배달되었다. 형편없었지만, 배고픈 이상 안 먹을 수 없었다. 도시락을 포기하는 대신에 제주에서 사 온 갖가지 과일을 먹어버린 아이들도 있었다.

도시락을 먹고, 얼마 뒤였다. 좋은 소식이 있을 거라는 교감선생님의 말이 채 끝나기가 무섭게 군인 몇이서 객차에 올라탔고, 열차는 움직이기 시작했다. 우려와는 달리 열차는 호남선을 타고 움직였다.

열차에 있는 내내 우린 광주가 궁금했다. 물론, 광주가 갖는 어떤 정치적 의미 따윈 생각하지 않았다. 아니, 생각할 수도 없었다. 단지, 자주는 아니지만 수업 중에 간혹 광주를 얘기하면서 울분을 토로하는 선생님들을 통해서, 광주에서의 일이 매우 비극적이고 억울한 측면이 있다는 것을 알았다. 그러나 대부분의 아이들은 이마저도 모르는 것 같았다.

송정리역의 풍경은 우리들의 궁금증을 더욱 증폭시켰다. 한편으로 착잡한 마음 또한 가눌 길이 없었다. 차창 밖으로 스치듯이 보이는 송정리역의 풍경은 오던 것과는 달리 얼룩무늬의 군인들과 군용 트럭이 즐비하였다. 광주 시가를 향해 전열을 가다듬는 듯이 보이는 몇 대의 장갑차와 한 대의 탱크도 보였다.

열차가 고향에 다가갈수록 아이들의 말문은 트였다. 말하기 좋아하는 아이들은 벌써부터 얘기를 만드느라 분주했다. 이곳 저곳을 옮겨다니면서 제주도가 아닌, 스케치한 차창 밖의 광주를 정리하고 있었다.

공수특전단이 무장한 시민들에게 밀리어 송정리역으로 와 있다느니, 미국 함공모함이 전두환·노태우 일당을 압박(사실은 그 반대였지만)하기 위해서 부산으로 입항한다느니, 하는 국제 정세까지도 들먹였다. 그러는 사이에 열차는 목적지에 도착하였다.

도착한 시간은 자정 무렵이었다. 목포에서 무려 여섯 시간을 기다렸던 게 늦어진 원인이었다.

역사를 빠져 나오자 어둠은 곧바로 나를 사로잡아 버렸다. 나는 맡겨둔 자전거를 타고서 어둠을 가로질렀다.

집에 도착한 것은 자정이 훨씬 넘어서였다.

방에 들어서기 직전까지 어둠은 계속해서 나를 사로잡고 있었다.

내가 방문을 열고 들어갔는데도 누구 하나 깨지 않았다. 나는 동생과 누님들을 흔들었다. 인기척에 아버지와 어머니가 먼저 일어나셨다.

"잘 갔다 왔습니다."

인사를 드리자마자 작은가방에서 부리나케 꺼낸 것은 누런 마분지로 겹 싼 바나나였다. 열대여섯 시간이 지났는데도 이슥한 밤이었는데도, 바나나의 향은 내 코를 향긋하게 했다.

이 시간을 얼마나 기다렸던가. 밝지 않은 방에서도 바나나의 모습은 뚜렷하였다. 그런데 문제가 발생하였다. 노랗게 익었어야 할 바나나가 흐릿한 불빛에서도 온통 새까맣게 변해 있음을 한눈에 알 수 있었다. 혹시 다른 가방과 바뀐 것은 아닐까 해서 작은가방을 눈여겨 보기까지 하였다.

어쨌든, 새까맣게 돼버린 바나나의 껍질을 위에서 아래로 벗기는 순간, 먹어 본 적은 없어도 문제가 있어 보이는 바나나의 새까만 속이 그저 죽처럼 흐물거렸다. 제주에서 아이들이 먹던 바나나를 보지 않았더라면 아마도 나는 바나나의 속은 원래 이렇겠거니, 하고 수긍했을 터였다.

이때 아버지는 귀찮다는 듯이 퉁명스럽게 "에끼 녀석, 그것이 뭐냐!" 하시면서 잠자리에 다시 들었다.

어머니와 누님들도 아버지의 뒤를 따랐다.

"불 꺼!"

누군가가 짜증스럽다는 듯이 내뱉었다. 불은 꺼졌고, 어둠은 또다시 나를 사로잡았다. 나는 칠흑같은 어둠을 벗어나기 위해서 어둠을 진지하게 응시하였다. 어둠과 마주대하듯이 한참을 응시하자, 제주에서 보았던 붉은 너울 같은 게 펼쳐졌다. 어둠에서 발원한 길고 가느다란 쇳소리도 들려왔다.

어떤 돈인데, 어떻게 가져온 것인데, 그리고 나의 바람은 어떤 것이었는데…. 지금 이 순간 이 모든 것이 무의미하게 느껴졌다.

볼을 타고 내려오는 눈물을 느끼고서야 나는 응시하던 어둠을 놓아 주었다. 그때서야 청각이 원래대로 되살아났다. 내가 어둠을 응시하는 동안에 동생은 죽이 돼버린 바나나를 혀로 핥고 있었다.

"형, 형도 먹어!"

난 동생이 그러는 게 너무도 고마웠다. 죽이 돼버린 바나나를 동생과 함께 혀로 핥았다. 예상했던 대로 바나나의 맛은 달았다. 약간 떨떠름한 맛이 느껴졌으나 대체로 바나나는 달콤하고 부드러웠다. 가끔 짭짤한 맛이 느껴졌는데, 이는 바나나와는 상관 없는 나의 눈물인 것을 나는 그때까지도 알지 못했다.

그저 짠 맛도 바나나의 맛이겠거니, 그랬다. 그리고 당시 동생의 속 깊은 정도 알지 못했다. 그저 바나나가 아까워서 잠결에 그렇게 핥았었거니, 그렇게 생각하였다.

우리옷

1990년대 초반, 향교에서 치러진 전통 혼례에 앞서서 나는 나의 부모님과 아내 될 이의 부모님을 설득하지 않으면 안 되었다. 나의 고집대로 아내는 드레스 대신 전통 혼례복을 입고서 향교 대성전 마루에 서게 되었다.

사모관대에 원삼족두리를 한 우리는 하객보다 많은 구경꾼들에 놀랬다. 하지만 하객과 구경꾼들 앞에서 나는 당당할 수 있었다.

소심하고 부끄럼 잘 타는 내가 전통 혼례를 치루면서 이렇게 당당할 수 있었던 것은 그간 우리 것을 찾고 아끼는 분들의 영향 때문이었으리라. 그 가운데 가장 인상 깊던 분은 일포 이우원 선생(묵방산들국화)과 목아 박찬수 선생(목아불교박물관)이다.

이우원 선생을 만나게 된 것은 천도교 손병희 선생이 거처하던 서울 우이동의 봉황각이라는 데서였다. 나는 봉황각에 머물면서 이우원 선생과 함께 비교종교학을 공부하였고, 동학의 시천주 주문을 함께 외웠다.

이곳에서의 짧은 방학이 주어지면 함께 공부하던 이영복 선생까지, 이렇게 셋은 전국의 신종교를 두루 답사하곤 하였다.

첫 번째 방학이 되어 우리는 신종교의 발상지인 전라북도로 향했다. 첫 행선지는 익산의 원불교 총부와 원광대학교였다. 원광대학교에서 우리는 한국 신종교 연구의 대가 유병덕 교수와 김홍철 교수를 뵈었다.

날이 어둑해진 첫날에 찾아들어간 곳은 미륵산 중턱에 자리한 미륵산 종덕훈련원. 이곳에서 우리는 원불교 김효명 교무와 함께 하루를 묵었다.

다음 날에는 모악산의 강증산 관련 종단을 방문하였고, 정읍으로 내려가 황토현과 보천교 본소를 들렀다. 보천교 본소의 정암 선생은 우리 일행을 조심스럽게 대했다. 아관청의한 채 고전을 고집하시는 선생에게서 과거의 부침과 영욕에 따른 어떤 피해 의식 같은 것을 엿볼 수 있었다.

모악산에서부터는 우리 일행이 하나 더 늘었다. 독일 칼스루헤대에서 철학을 전공한 이희태 선생은 모악산 자락의 청도리 백운동이라는 곳에 은거하는 은거도인이다. 이렇게 우리 일행은 은거도인까지 모두 넷이 되었다.

두 번째 날 저물녘에 나는 앞의 세 분을 나의 고향집으로 안내했다. 그때 마침 할머니께서 와 계셨다. 할머니는 이우원 선생의 옷차림을 보더니 만면에 웃음을 머금으셨다. 그러면서 혹여 손님에게 누가 될까, 내게 와서는 조용히 하시는 말씀이,

"어디서 초랭이패를 데려왔느냐?"

하시던 것이었다. 저녁을 먹으면서 일행에게 할머니의 이 얘기를 전했더니, 일행은 웃음을 참지 못하였다. 내가 보아도 이우원 선생은 영락

없는 초랭이패였던 것이다.

당시만 해도 이우원 선생의 인생담을 귀담고 있노라면, 자연 패기가 솟구쳐 올랐다. 지금은 도경이를 낳아 기르는 이순을 눈앞에 둔 늙수그레한 아빠가 돼버렸지만, 당시만 해도 이우원 선생의 힘은 주변을 넘쳐나게 하고도 남음이 있었다.

연세대학교에서 신학을 전공하였지만, 늘 우리 것을 갈망하였다는 이우원 선생. 졸업 후 선생은 성직자의 길로 나아가지 않았다. 대신 생계를 위해 자본주의의 꽃이라 불리는 보험회사 영업직을 택하였다.

회사 사장이 바뀌던 어느 날이었다. 그간 유능한 사원으로서, 경제적 여유를 가질 무렵에 닥친 첫 시련이었다.

"이거 봐, 지금 뭐하는 짓이야! 여기가 학교 학예회장이야!"

이우원 선생이 입고 다니던 바지저고리에 두루마기를 두고서 한 사장의 힐난이었다. 우리옷을 입고서 회의장에 들어선 순간에 첫 부임한 사장이 주재하는 첫 회의에서의 이 말은 이우원 선생의 가슴을 저미게 하였다.

"사장님, 지금 뭐라고 하셨습니까?"

"지금 그 옷차림이 뭐냐고? 제사 지내는 것도 아니고."

"사장님, 제사를 지내야만 이런 옷을 입습니까? 그리고 학예회장에서만 이런 옷을 입나요?"

"이 사람이 지금 뭐하자는 거야? 지금 그런 옷을 입고 다니는 게 당연하다는 거야? 지금 당신은 양복을 말쑥하게 차려입었어야 해."

"한국 사람이 한복을 입는데, 무슨 문제라도 된다는 겁니까? 그리고 내가 하는 영업이 외국인을 상대로 하는 겁니까? 난 한국인이고 한국인을 상대로 하는 영업인입니다. 한국인이 한복을 입는데 뭐가 잘못됐습니까."

"아니, 저, 저런."

결국 이우원 선생은 그날로 해고되고 말았다. 그 뒤 선생은 한강에서 황포돛단배를 복원하는 일에 전념하였으며, 우리의 토속 신앙을 탐구하고 동학의 수련에 열중하는 수도인의 길을 걸었다.

이와 유사한 얘기를 하나 더 소개하겠다.

내가 여주의 목아박물관 학예연구실에 몸담고 있을 적에 목아 박찬수 선생으로부터 들었던 얘기로 기억한다. 당시 목아 선생이야말로 걸어 다니는 박물관으로, 우리옷 예찬론자였다.

지금 생각하니, 목아 선생의 이 이야기는 감명은 아니었어도 당시 나에게 꽤 신선한 충격으로 와 닿았던 것만은 분명하다.

부임한 학교에 첫 출근한 선생님은 첫날부터 교장선생님의 호출을 받았단다.

"김선생, 첫날부터 이게 무슨 차림이요?"

"무슨 차림이라니요?"

"지금 김선생 옷차림을 좀 봐요!"

"제 옷차림이 어때서요?"

"지금 김선생은 교사로서 품위를 잃을 수 있는 복장을 하지 않았소!"

"교사로서 품위를 잃다니요? 이건 한복입니다, 교장선생님."

"아, 누가 몰라서 그래요. 교사는 모름지기 학생들 앞에서 단정한 양복을 입어야지요, 양복을!"

"교장선생님, 교장선생님은 양인입니까 한인입니까?"

"그걸 말이라고 하오? 난 한국인이요, 어쩔 테요!"

"한국인이 한복을 입는 건 당연지사인데, 어찌 제 옷차림이 문제가 된다고 그러십니까?"

"그러니까, 내, 내가 말하고자 하는 것은…."

"전 한국인이기에 한옥에서 살고 한식을 먹습니다. 그리고 한복을 입고서 한글로써 아이들을 가르치려고 이 학교에 왔습니다."

"아, 알았소. 내, 내가 그저 해 본 소리요."

이렇게 해서 초임 교사는 부임하던 첫날부터 교장선생님의 콧대를 납작하게 해주었다는 짧은 일화를 목아 선생으로부터 들었다.

나는 앞의 두 얘기와 더불어 걸어다니는 박물관 이야기와 나의 전통 혼례 얘기를 수업 시간이면 간혹 아이들에게 들려준다. 내 얘기를 다 듣고 난 아이들은 이런 질문을 하였다.

"전통 혼례까지 하셨으면서 한복은 왜 안 입으세요."

"응, 그게 말이야, 전통 혼례는 분명 치뤘지만 한복까지 입는다는 게 왠지 쑥스럽구나. 솔직히 입고 다닐 용기가 나질 않아."

아, 당시 향교에서 혼례를 치를 땐 어디서 그런 용기가 났던지, 그런데 지금은 그런 용기가 다 어디로 가고 없다는 것인지, 나 스스로도 알 길이 없다.

산자락에 핀 들꽃마을

1998년에는 우리 사회의 어느 누구든 간에 고통의 바람을 피하지 못했다. 국가 부도 사태로 인한 경제 위기 때문이었다.

1998년 당시 우리 가족의 보금자리는 북한산 자락의 어느 마을이었다. 마을은 도심에 있으면서도 나무와 숲과 들꽃으로 아름다웠다. 이처럼 아름다운 마을을 우리 가족은 '들꽃마을' 이라고 불렀다.

들꽃마을 사람들은 가난했지만 마음만은 참으로 따뜻하였다. 고통의 바람이 휩쓰는, 나눌 여력조차 없던 시절에 조금씩 나누던 들꽃마을 사람들을 지금부터 소개하겠다.

정아 엄마

오늘은 선은이가 유치원에 처음 가는 날, 아침 내내 선은이는 유치원에 가지 않겠다고 울어댔다.

개나리반이 정아네 집 앞을 지날 때에 정아 엄마가 선은이 눈에 띄었다.

정아 엄마는 선은이 엄마와 친한 사이였다. 정아 아빤 암투병을 하면서도 트럭 운전을 하였다. 암에 걸린 서민들이 치료에만 전념할 수 없다는 건 그 때나 지금이나 하나도 달라진 게 없다.

가장이 암투병 중이어도, 정아 엄마는 박꽃처럼 밝았다. 정아도 그늘진 곳이라곤 한 점 없는 아이였다. 선은이 엄만 이런 정아네가 안쓰러웠던지, 여러 모로 정아네를 생각하였다.

선은이는 정아 엄마를 보자마자 정아 엄마 쪽으로 있는 힘을 다해 달려갔다.

"아줌마!"

선은이를 알아본 정아 엄마의 눈은 휘둥그레졌다. 선은이는 복받쳐 오르는 설움과 함께 정아 엄마 품속으로 파고들었다. 선은이는 한동안 정아 엄마 품속에서 왕왕 울었다. 정아 엄마의 눈도 글썽거렸다.

정아 엄마는 선은이 엄마를 부리나케 찾아가, 선은이가 서럽게 울었다고 말해줬다.

선은이 엄마는 가슴이 아팠다. 하지만 마음이 약해져서는 안 된다는 것을 잘 알고 있었다. 일부러 시간을 늦춰서 선은이를 데리러 갔다.

들꽃마을

선은이가 유치원에 다니던 그 해였다.

또닥 또닥 똑 딱 따…. 선은이네 아래층의 털보 아저씨가 007가방을 만드는 소리다.

부르르르르…. 이 소리는 위층의 뚱딴지 아줌마가 자동차의자 커버를 짓는 재봉틀 소리다. 뚱딴지 아줌마의 재봉틀 솜씨는 어느 누구도 따라올 수 없다나. 달구네 커튼도 뚱딴지 아줌마 솜씨란다.

선은이네 집 베란다에서 내려다보면 경사가 완만한 비탈길 옆으로 오밀조밀한 밭뙈기가 보인다. 들꽃마을의 할머니들은 오십여 평 남짓한 밭에다가 배추며, 상추·파·열무 등을 정갈히 갈아서 밥상에 올렸다.

선은이네 집 뒤는 도심답지 않게, 울창한 숲이다. 봄이면 아카시아 꽃이 환하게 피었다. 그때가 되면 아카시아향 때문에 머리가 찔끔찔끔 아파올 정도이다. 더구나 함께 피는 집집의 라일락 향기도 아랫배를 사알짝 아프게 한다.

한 여름 소나기로 계곡물소리가 제법 크게 들린다. 가을이면 낙엽들이 흩날리면서, 골목마다에는 낙엽들로 푹신하다. 그러나 겨울은 가파른 언덕바지가 위험하기 짝이 없다.

자동차도 리어카도 오르기가 힘든 이곳 언덕바지는 할아버지 할머니들에게는 늘 위험하다. 연탄재를 뿌려놓고 염화칼슘으로도 녹여도 보지만, 겨우내 이곳에서 넘어져서 병원으로 실려 간 환자는 줄지 않고 있다.

겨울만 빼고는 평화롭고, 시골 냄새까지 풍기는 들꽃마을에 선은이네는 정을 듬뿍 두었다. 그랬다. 불가피하게 이곳을 떠나야 할 상황이었는 데도 막내 자은이를 이곳에서 맞이할 때까지 기다렸을 정도로, 선은이네는 들꽃마을에 매료돼 있었다.

아이엠에프 바람에도

평화롭기만 하던 들꽃마을에, 아니 서울에 아니 어쩌면 온 나라에 갑작스런 바람이 불어닥쳤다. 아이엠에프라고 하는 바람이었다. 6·25전쟁 이후 처음 있는 국란이라고도 하고, 가진 자들과 권한 있는 자들이 잘못해서 이 지경까지 왔다고 말하기도 한다.

한편, 무능하고도 고집불통인 대통령 때문이라고도 하고, 돈놀이하는 국제적 거간꾼들의 장난 때문이라는 얘기도 들린다. 그러나 이곳 들꽃마을에서는 어느 누구 하나 남을 탓하지 않았다.

그저 좋을 때가 있으면 안 좋을 때도 있는 법이라거니, 하면서 시세에 순응하였다. 밀가루 가격이 올라 라면이 비싸지면 안 사먹으면 그만이며, 기름값이 오르면 역시 차를 놓고 걸으면 된다는 식이었다. 마을에 딱 하나 있는 슈퍼 아줌마 아저씨가 들으면 섭섭해 할 것이지만.

나라 살림은 점점 어려워지고, 아침이면 어김없이 집을 나서던 이웃집 아저씨나 형, 그리고 언니, 누나들이 하나 둘씩 집에 있게 되었다. 007가방이나 자동차의자 커버를 만드는 일도 어느 순간에 중단돼 버렸다.

아무 일없이 노는 것도 하루 이틀이었다. 귀퉁이의 텃밭을 일궈보기도 하는 3층의 아저씨와 아줌마는 그래도 좀 나은 편이었다. 매일 아침 진돗개 한 마리를 끌고서 뒷산을 오르락 내리락 하는, 음식점을 하다가 문닫고 이곳으로 와 있다는 정씨 아저씨는 무료했다.

처음 몇 달은 그래도 괜찮았다. 문제는 그 다음부터였다. 수입이 없으니 아이들 유아원이나 유치원 또는 학원엘 보낼 수 없었고, 따라서 마을에 딱 하나밖에 없는 보라색미술학원이 문을 닫았다. 옆집 영이 언니 창이는 미술학원 선생님이었는데 졸지에 실업자가 돼버렸고, 미술학원에서 봉고차를 끌던 왕씨 아저씨 역시 실업자가 되기는 마찬가지였다.

달구네 아빠는 더욱 심각했다. 동화나 유아책 그림을 그리는 분이었는데, 수많은 출판사가 거품처럼 스러져가니 온전할 리 없었다. 달구는 아빠가 쓰시던 작은 화실의 팔레트에 물기가 배어 있기를 기도하곤 하였다. 간혹 원고를 가져와서 출판에 관한 구상을 듣고 가는 출판사 관계자들이 있긴 하였다. 그러나 요사이 달구 아빠가 붓을 잡은 적은 거의 없었다.

달구 엄만 무슨 일거리라도 찾기 위해 구직 신문을 뒤적였다. 복덕방을 하는 달구 할아버지 역시 할 일이 없어졌다. 단지 위층과 아래층의 007가방과 자동차의자 커버 만드는 일은 어느 때부턴가 시작되었다.

아침저녁으로 재봉틀 소리가 쉴 새없이 들렸고, 사람들은 전보다 더 바빠진 모양이라고들 부러워하였다.

어느 날, 아래층의 커버 만드는 아주머니와 달구 엄마가 도란도란 하니, 얘기하였다.

"하청 단가가 아이엠에프 이전보다 반값이나 떨어졌답니다. 그래도 감지덕지하게 일감을 받아야지요."

"그럼요, 일이 전혀 없는 것보다야 낫지요."

아래층 아주머니의 이야기에 달구 엄마는 맞장구를 쳤다.

"우리 일을 조금씩 나눕시다. 일을 나누실 수 있다면 더 많은 일을 가져올 수도 있습니다."

아래층 아줌마의 제안에 달구 엄마는 "고마워요. 이렇게 배려해주신 것만으로도 얼마나 고마운지 몰라요." 하고, 고마워할 따름이었다.

며칠 뒤부터 달구 엄만 아래층에서 재봉일을 배우기 시작했다.

부르르르르…. 일감은 그리 많지 않지만, 달구 엄마처럼 와서 일하는 분들은 족히 열은 돼 보였다.

부르르르르…. 교대로 일을 나누는 소리는 끊이질 않았다.

달구 아빤 3층에서 가죽에 풀칠 하는 일을 배우기 시작했다. 달구네 할머니는 다리가 불편한 데도 밭뙈기에서 수확한 싱싱한 채소를 위층과 아래층에 제공하였다.

봉고차 왕씨 아저씨는 완성된 007가방과 자동차의자 커버를 날라다 주는 일을 조금씩 하기 시작했다.

영이 언니 창이는 미술학원을 그만 둔 뒤로 아이들을 집으로 불러다가 그림그리기 지도를 하였다. 달구네 할아버지는 전세나 월세 분쟁이 있는 집을 다니시면서 중재를 했다. 할아버지의 중재 솜씨는 남달라, 모두가 흡족해 했다.

정아네가 준 약쑥

정아네 아빠는 암투병 중에도 트럭 운전을 한다. 그나마 아이엠에프 바람으로 일거리가 뜸해지자 트럭을 타고서 가족 여행을 자주 나갔다. 한번은 강화도를 다녀왔다며, 비닐봉지에 든 강화도 약쑥 한 움큼을 가져왔다. 이것이 화근이었다.

선은이네 가족은 어른 아이 할 것 없이 온몸이 가려웠다. 피부는 붉은 점들로 가득했고, 가려워서 잠을 못 이룰 지경이었다.

다음 날 아침이 되서야 그 까닭을 알게 되었다. 정아네가 준 약쑥에서 줄을 지어 벽을 타고 내려오는 붉은 불개미들이 한 짓이었다.

선은이 엄마는 소스라치게 놀랐다. 일단 옷에 붙은 불개미들을 떼어 내기에 안간힘을 쓰다가 급기야는 살충제를 뿌렸다. 살충제에도 견뎌내는 불개미들을 제거하기 위해서 들꽃마을의 할머니들이 속속들이 좁은 방으로 모여들었다.

"새댁이 불개미 무서운 줄을 아직 모르는구먼."

"그러게요, 지독하네요."

"빨리 약 사다가 발라 줘. 그리고 이참에 소금도 가져오고."

정아 엄마도 부리나케 달려왔다.

약쑥을 헤쳐 보던 정아 엄마는 징그럽다는 듯이 입을 벌렸다. 약쑥은 불개미 집이었던 것이다.

정아 엄마는 들고 나간 약쑥을 태웠다. 마을의 할머니들은 좁은 방이었지만 아랑곳하지 않고 연고를 사다가 아이들의 피부에다 발라주고, 소금을 불개미가 다니는 줄에다가 뿌렸다.

선은이 할아버지께서 타계하였을 때도 그랬다. 출근하기 직전에 전화를 받은 선은이 아빠는 수화기를 잡은 채로 엉엉 울었다. 곁에 있던 엄마도 흐느껴 울었다. 선은이와 재영이도 영문을 모른 채 따라

울었다.

이처럼 우는 소리에 놀란 옆집 아주머니와 할머니들이 다시금 좁은 방으로 모여들었다. 아주머니와 할머니들은 우리 가족이 시골에 내려갈 준비를 거들었다.

선은이 재영이 목욕은 정아 엄마가 맡았다. 선은이네가 시골로 향할 때에도 정아 엄마는 눈시울로 인사를 대신하였다.

이처럼 들꽃마을 사람들은 이웃의 작은 아픔까지도 자기 일처럼 생각하였다.

아빠의 이발사

교편을 처음 잡던 곳은 바닷가와 가까운, 궁벽스러운 시골의 어느 중학교였다. 한 반이 열 명이 조금 넘는, 전 학년 모두 합해봐야 오십 명이 채 안 되는 아주 작은 학교였다. 이처럼 작은 시골 학교에 갑작스레 학생 수가 는 것이다. 줄기만 하던 시골 학교에 학생 수가 증가한 이유를 동료들은 이렇게 분석하였다.

디폴트(채무 불이행으로 인한 국가 부도 사태를 말함)로 인한 경제 위기(흔히 아이엠에프라고 말함)가 부모의 이혼이나 별거를 빈번하게 하였고, 그 사이에 낀 아이들이 친가나 외가에 떠맡겨졌기 때문에 나타난 현상이라고.

부모로부터 버려진 아이들을 대할 때마다 난 우울했다.

학교에 온 지 얼마 안 돼, 나는 아이들에게 이발소부터 물었다. 복잡한 머리를 정리하고 싶어서였다. 이때 한 아이가, "김 아무개 아빠가 이발사래요." 하는 것이었다. 나는 아이가 알려준 그 이발소를 찾아 나섰다.

허름하기 짝이 없는 이발소에는 유년기에나 봤음직한 바리캉 하나가 놓여 있었다. 왠지 굼떠 보이는 낡은 의자는 되레 나를 편안하게 하였다. 나는 의자에 앉아 있는 동안에 경제에 휘둘리는 우리네 삶을 떠올리며, 희망의 이야기를 구상하였다.

아빠의 얼굴이 굳기 시작한 것은 3년 전의 아이엠에프 때부터였다. 아이엠에프는 아빠뿐 아니라 우리 가족 모두를 굳게 만들었다. 정말이지 아빠는 아빠의 이발사를 만나지 못했다면 어쩌면 돌처럼 굳어져 버렸을 지도 모른다.

지금부터 아빠에게 웃음과 희망을 안겨준 아빠의 이발사에 대해 얘기하고자 한다.

아이엠에프가 있던 그 해 겨울이었다.

하늘에서 흰 눈이 쏙쏙 빠지던 날에 우리가 도착한 곳은 서울에서 두어 시간 걸리는 작은 읍이었다. 이사 온 첫날, 짐 정리를 대충 끝낸 아빠가 제일 먼저 찾은 곳은 이발소였다. 깔끔하던 아빠의 얼굴이 꺼칠해진 것도 아이엠에프가 시작되면서였다. 회사의 구내 이발관을 다닐 수 없던 탓도 조금은 있었다.

한산하기만 하던 읍내는 낮이 되자 분주했다. 쌀가게, 옷가게, 찻집, 식당 등이 즐비한 것은 서울과 크게 다르지 않았다. 녹은 눈으로 더러워진 도로를 자동차들이 가득 메운 것도 서울과 닮아 있었다.

아빠는 내 손을 잡고 분주한 거리를 피해 한적한 골목으로만 누볐다. 제법 세련된 간판의 이발소나 미용실을 애써 외면하면서 도착한 곳은 골목 끄트머리의 허름한 이발소였다.

미닫이 유리문을 드르륵 여니, 신문을 읽던 아빠 또래의 이발사가 일어섰다. 얼굴은 길쭉하니 각이 져 있고, 긴 목에 키가 훤칠한 분이었다.

"어서 오세요."

꾸벅 인사부터 하는 이발사의 표정도 아빠처럼 굳어 있었다. 아빠는 셋 중 중간 의자에 나를 앉혔다. 그리고 혼잣말로 이렇게 말했다.

"원, 갈만한 이발소가 있어야지. 여긴 그래도 낫구먼."

아빠의 이 말이 굳은 이발사의 표정을 다소 펴주는 듯했다.

"사장님, 아드님 머릴 어떻게 해 드릴까요."

"사장님께서 알아서 해주세요."

아빠와 이발사는 서로를 사장님이라고 불렀다. 아빠의 말이 끝나기가 무섭게 수건과 흰 가운이 내 목에 둘러졌다.

이발사는 길고 가느다란 손을 가졌다. 가느다란 손에는 사슴벌레 뿔처럼 생긴 은빛 기계가 안성맞춤 쥐어져 있었다. 나중에 들은 얘기지만, 아빠는 사슴벌레처럼 생긴 이발기를 바리캉이라고 했다.

바리캉은 난롯불에 잠시 머물더니 내 머리통을 아래에서부터 타고 오르기 시작했다. 처음에는 섬뜩하니 전율이 느껴졌으나, 시간이 흐르면서 기계 소리는 차츰 듣기 좋은 소리로 와 닿았다. 약간의 느끼한 기름 냄새를 빼면 요동을 치는 자동 이발기보다야 느긋하니 좋았다.

아빠는 거울에 비친 말끔해진 내 머리를 보면서 상쾌한 기분을 숨기지 않았다. 그로부터 아빠는 타임머신을 타고 과거로 되돌아간 듯한, 그 이발소만을 찾았다.

이발소에 온 아빠는 상투적인 인사말만 하였다.

이렇게 깎아주시오, 하는 말조차 없었다.

단지 흘러내리는 머리카락이 들어갈까봐 눈을 지긋하게 감고서는, "요즘 갈만한 이발소가 별로 없으니." 라고 웅얼거리는 게 전부였다.

이발사도 그랬다. 머리카락을 자르고 다듬고, 면도를 하면서도 단 한 마디를 하지 않았다.

말쑥해진 아빠는 거울을 보면서 만족스러워 했고, 아빠의 이런 모습에 이발사는 흐뭇해 했다. 이렇게 아빠는 아빠의 이발사를 만난 것이다.

이사 온 지 일 년째 되는 어느 초가을 날.

아빠와 나는 막바지 더위를 피하느라 골목의 그늘길을 골라서 걸었다. 분명 그 골목이었는데, 지난 달까지만 하여도 아빠와 함께 이발을 했던 그 자리였는데, 그 자리에는 이발소는 없고 웬 떡방앗간이 자리하고 있었다.

"이발소는 어디로 갔습니까?"

아빠는 긴장을 하며 물었고 부채를 허투루 부쳐대던 할머니는 연신 고개를 설레설레 흔들었다. 이내 아빠의 표정이 흐려졌다.

아빠는 손님이 없어 이 짓도 하기 힘들다던 이발사의 탄식을 그때서야 떠올렸다. 그날, 아빠는 이발하는 것을 단념했다.

엄마는 되돌아온 아빠를 원망했다. 아빠의 그 고집을 이해할 수 없다는 투로.

"그렇다고 그냥 돌아오면 어떡해요."

"아니, 그…."

"아예 문을 닫았나 보죠?"

"이런 시절에 뭔들 잘 되겠어."

"안 됐네요. 그런데 다른 이발솔 찾아야지요."

"어디 갈만한 데가 있어야지. 여기 가면 이발비가 비싸고 저기 가면 아가씨들이 달려 나오고. 이발 한번 하기 힘든 세상이야."

"당신, 이발 한번 배워 보실래요?"

"쓸데없는 소릴 하고 그러네."

"지금 하고 있는 당신 일보다야 낫지 않을까 싶어서 하는 소리예요."

후우. 아빠의 긴 한숨 소리에 묻혀서 나는 잠이 들었다.

아빠는 어쩔 수 없이 엄마가 소개한 미장원엘 다녔다. 다녔다기보다는 딱 한 번 갔을 뿐이다. 미장원에 갔던 그 날 밤, 아빠는 몹시 불편해 하는 어투로 엄마를 탓했다.

"젠장, 어디 갈만한 데가 없어 그런 델 소개해!"

그 뒤로는 아빤 미장원에 가지 않았다.

굳어 있던 아빠의 얼굴이 풀린 것은 그 해 겨울이 다 되어서였다.

아빠는 텁수룩한 모습으로 버스터미널을 향해 걸었다.

"시외버스를 타고 삼십 분 정도 가면 괜찮은 이발관이 있다는구나."

나는 아빠가 이발 문제로 이처럼 굳어있는 줄을 미처 알지 못했다.

터미널로 건너가려는 사람들이 횡단보도 앞에 몰려 있었다.

사람들 틈에서 아빠는 뭔가를 보았는지, 번잡스러움도 아랑곳하지 않고 빠른 걸음으로 나를 이끌었다.

"아빠, 터미널은 이 쪽인데요."

"아니다. 잠깐 저 쪽에 들렀다가 가자."

아빠의 발걸음은 새로 단장한 어느 이발관 간판 아래에서 멈췄다. 아빠 뿐 아니라, 나 역시도 유리창 너머의 낯익은 얼굴을 유심히 살폈다.

아, 드디어 아빠가 찾던 그 이발사였다. 마치, 오랜만에 찾는 고향집이라도 된 듯이 환하게 웃으시며 들어서는 아빠. 길고 각진 얼굴의 이발사는 아빠를 보자 반갑게 맞이하였다.

이번에는 아빠가 먼저 의자에 앉았다. 나를 제치고 먼저 의자에 앉은 건 뜻밖이었다.

의자에 앉은 아빠는 거울속에 비친 것들을 확인이라도 하듯이 꼼꼼하게 살폈다. 그때 허리 높이의 선반에 놓인 낯익은 자동 이발기 한 대가 눈에 들어왔다. 자동 이발기 외는 그때와 달라진 게 없었다.

이발사는 수건을 아빠의 목에 두르더니, 뜻밖의 종이 상자 안에서 은색 바리캉 하나를 꺼내 들었다. 아빠의 놀란 표정과 안도하는 모습이 거울에 적나라하게 드러났다.

난로에 적당히 쬔 바리캉은 부드러운 소리를 내면서 아빠의 머리카락을 흘렸다.

"사장님께서 요즘 안 보이셔서 다른 데로 이사하셨나 생각했어요."

이렇게 첫 마디를 던진 이발사의 모습은 아까보다 훨씬 더 밝아 보였다.

"아, 아니어요. 이사는 무슨. 그런데 언제 이쪽으로 가겔 옮기셨어요?"

"여기로 옮긴 지 사 개월 정도 됐어요."

"그랬군요."

"행여 손님이 좀 있을까 해서 이곳으로 나왔는데, 전보다도 못한 것 같아요."

"여긴 그래도 복판 아닙니까?"

"워낙 불경기에다가 손님들마다 찾는 곳이 미장원이니…."

"시절이 그럽디다. 그런데 전에 그곳을 찾아갔었어요. 방앗간에 쭈그려 앉아 계시는 할머니께 여쭤보아도 고개만 절레절레 흔듭디다. 그래서 이발소 문을 아예 닫으신 줄 알았지요."

"아…, 그 할머니! 귀 자셨어요."

"그랬군요. 그런 줄도 모르고."

"미리 말씀 드려야 하는 건데, 연락할 곳이 마땅치 않아서. 죄송해요."

"아니, 뭘요. 이발하러 우리 아이와 함께 갔었는데, 아, 이발소가 사라진 거예요. 그땐 정말이지 허전하고 서운하더라고요."

"예에? 정말로 서운하셨어요?"

수줍어 하는 이발사의 얼굴이 금세 빨개졌다.

"이 고장에서 이십 년을 넘게 이 짓을 해왔지만, 다니던 이발소가 없어져서 허전하고 서운하다는 손님은 사장님이 처음이네요. 송구스럽게도요."

하하하하….

두 분이 이처럼 많은 얘기를 주고 받기는, 또 활짝 웃기는 이번이 처음이었다. 아빠의 얼굴이 활짝 피어난 것도 아이엠에프 이후 처음 있는 일이었다.

이발소를 나오는데 하늘이 예사롭지가 않았다. 눈이 내릴 것만 같은 날씨였다. 우리 가족이 서울을 떠나 이곳에 도착하던 그 날처럼.

활짝 핀 아빠를 본 엄마의 표정도 밝아졌다.

그날 밤, 아빠는 엄마에게 이런 말을 했다.

"그 이발소를 다시 찾았을 때, 서울로 다시 갈 수 있을 거라는 생각이 문득 들더라고요."

"원, 당신도. 그깐 이발소 가지고서니."

아빠가 웃음과 희망을 다시 갖기까지의 얘기는 대강 이러했다. 정말이지 그때 아빠는 이발사의 아빠였고 이발사는 아빠의 이발사였다.

자화상

역사 교사로서 지천명을 바라다보게 되었다. 이 길을 걷게 한 힘은 무엇일까, 문득 생각한 적이 있다. 생각의 끈은 유년의 단상에서부터 시작되었다.

소년의 어릴 때 살던 집 바로 옆은 서원터였다. 지금도 '서원터'라 불리는 서원은 홍선 대원군의 서원 철폐령으로 비와 비각만이 남겨진 채 철폐되었다가, 근래에 복원된 것이다.

유년의 서원터 한 가운데는 낡은 비각이 있었고, 비각 안은 오래되어 헤실바실 알갱이가 떨어져나간 비 하나가 남아 있었다. 일 년이면 두어 번씩 예스런 복장을 한 노인들이 정성스럽게 제사를 지냈고, 그때마다 소년은 눈 한번 떼지 않고 이를 끝까지 지켜보았다.

소년은 한살 한살 나이가 들면서 비의 주인공에 대한 얘기를 자주 듣게 되었다. 어느 날, 낡은 비각이 정비되고 주위에 서너 칸짜리 기와집 두어 채가 더 지어졌다.

방학이면 학생들이 선생님과 함께 서원터를 찾았다. 설명을 하는 선생님도, 물뿌린 비에 바른 한지에 먹물이 밴 솜봉을 가볍게 두드려서 흰 글씨가 도드라지게 하는 탁본도 훔쳐보았다. 학생들이 가고 없는 터에서 소년은 학생들의 탁본을 흉내 내다가 그만 먹물이 비에 번져버린, 그런 일도 있었다.

소년의 머릿속은 설화나 역사로 가득했다. 옛이야기를 좋아하면 가난하게 산다는 핀잔을 수도 없이 들었음에도, 말을 하거나 글을 써도 한결 같이 설화나 역사를 소재로 한 것들이었다.

소년은 마을의 서당에서 천자문과 동몽선습을 읽었지만, 남들처럼 초등학교에도 입학하였다. 초등학교가 있는 마을은 이상한 종교 단체가 있었다. 아관청의(峨冠靑衣)라 하여, 푸른 두루마기에 챙넓은 갓을 쓴 백여 명에 이르는 사람들이 절기가 바뀔 때마다 진중한 어떤 의식을 치르곤 하였다.

마을 어른들은 아관청의한 이들에게는 빛과 그늘이 동시에 있다고 하였다. 왜정 때 아관청의한 이들은 자칭 천자(天子)라고 하는 인물을 중심으로 한국의 독립을 시도하였다는 것이다. 이것이 어른들이 말하는 빛이었다. 천자 등극을 내세워서 민중의 재산을 끌어모아 경복궁에 버금가는 대궐을 짓는 행위는 어른들이 말하는 그늘이었다.

또 다른 이상한 종교는 마을의 주산 입암산에 들어가 있었다. 이들 역시 아관청의하였으나, 천자를 중심으로 하는 종교와는 그 계통을 약간 달리하였다. '시운기화유불선동서학합일대도대명다경대길유도갱정교화일심(時運氣和儒佛仙東西學合一大道大明多慶大吉儒道更定敎化一心)' 이라는 스물여덟자로 된 긴 이름의 종교였다. 푸른 두루마기에 상투를 한 어른들은 가끔씩 댕기머리의 아이들을 데리고 마을 앞을 지나쳤다. 이들의 걸음은 항상 복잡한 저자를 피해서 어디론가 부산하게 향했던 것 같다.

소년은 이상한 두 종교가 무섭기도 하고 한편으로는 궁금하기도 하였다. 궁금한 것은 알만한 어른들에게 들으면 되었고, 무서운 것은 그들과 될 수 있으면 멀리 떨어져 있으면 되었다.

소년은 초등학교에 입학하였지만, 방학이면 영암양반이라 불리는 분으로부터 한학을 익혔다. 영암양반은 간혹 의심 많은 소년에게 꾸짖듯이 이렇게 말하곤 하였다.

"아관청의한 치들의 학은 정학(正學)이 아닌 음사(陰邪)이니, 관심을 갖지 않아야 하느니."

영암양반의 훈계에도 불구하고 소년은 이상한 종교에 대한 관심을 거두지 않았다. 어느 때는 이상한 종교에서 운영하는 서당에서 사서(四書)를 읽기도 하였다.

소년은 역사학을 전공하면서 이상한 종교에 대한 본격적인 탐구에 들어갔다. 사실은 어려서부터 거듭거듭 보고 듣고 한 이상한 종교에 관한 탐구는 소년이 가장 잘 할 수 있는 것 가운데 하나였다.

소년이 비교적 잘 할 수 있는 게 또 하나 있었다. 그것은 바로 걷기였다. 걸어서 산을 넘고 들을 가로질러 하는 답사는 소년이 비교적 자신 있게 할 수 있는 것 가운데 하나였다. 답사는 책이나 사진으로서만이 아닌, 직접 현장을 찾아가서 체험하고 채득하는 연구 방법론이다.

소년은 걸음으로 이상한 종교를 찾아다녔다. 때론 문헌을 찾아서 전국의 도서관을 다녔고, 관련 연구자들을 만났다. 소년의 운수납자(구름과 물처럼 정처없이 떠돌아 다니는 수도승)와도 같은 이러한 행각은 가족들의 경제적 여유를 크게 감퇴시켰다. 더 이상 탐구에만 매달릴 수 없는 처지가 되고 만 것이다.

소년은 운 좋게도(사실은 이강수 박사의 배려로) 중학교와 고등학교에서 역사를 가르치는 교사가 될 수 있었다. 시골 학교 교사이다 보니, 낯선 분위기에 적응하는 것과 함께 닥친 문제는 '어떻게 가르칠 것인가' 였다. 특히 역사 교육을 담당하는 분들까지도 역사는 암기 과목으로 치부해버려, 더욱 그러했다.

암기 과목이든 암기 과목이 아니든 간에 역사를 접하는 아이들의 생각이 지나치게 경직돼 있었다. 더불어 교과 내용도 복잡하고, 그 양도 적지가 않아 암기할 게 지나치게 많다는 것이 문제로 와 닿았다. 아이들이 역사 과목 앞에서 지레 주눅이 드는 건 어쩌면 당연지사라 할 만했다. 이런 아이들 앞에 서게 된 소년은 역사 교육을 어떻게 해야 할지를 처음부터 다시 고민하지 않으면 안 되었다.

소년은 많은 생각 끝에, 아이들에게 역사적 지식의 주입뿐만이 아닌 역사적 정서를 함께 불어 넣는 교육이어야 한다는 생각을 갖게 되었다. 역사는 말 그대로 '과거의 실감나는 이야기' 이기 때문에.

역사(geschichte, history)라는 말에는 '이야기' 라는 의미가 내포돼 있다. 따라서 역사는 구성진 이야기여야 하고, 이를 통해서 지식과 정서, 나아가 역사 의식까지도 확장할 수 있어야 한다는 게 소년의 확고한 생각이었다.

소년은 아이들이 누려야할 가장 큰 가치인 다양성과 창의성을 살릴 수 있는 역사 교육이었으면, 하는 바람을 갖게 되었다. 두뇌에 의

지하는 주입식이 능사가 아닌, 아이들이 그러하듯이 지식의 주입 방법 또한 다양해져야 한다는 생각이었다. 더불어, 교육을 담당하는 이의 장점으로써 아이들을 감싸는 것 또한 소홀히 해서는 안 된다는 생각이었다.

그러나 소년이 가졌던 생각을 교육 현장에 그대로 투영하기란 거의 불가능하였다. 성적과 입시 위주의 교육이다 보니, 두뇌 회전이 빠른 아이들만이 하게 되는 역사 교육으로 소년도 모르게 꾸려져 가고 있었던 것이다.

이를 어찌 하면 좋을까, 소년의 걱정은 태산처럼 불어났다. 소년의 이러한 걱정과 방황은 앞으로도 끊이지 않을 것 같다. 이러한 걱정과 방황을 소년은 결코 마다하지 않을 것이기에.

한국근현사이야기
5·18과 바나나

펴낸날 : 1판 1쇄 / 2010년 3월 23일
글쓴이 : 안후상
표지 및 디자인 : 김지연
펴낸이 : 김현희
펴낸곳 : 하늘북
등록 : 1999년 11월 11일(등록번호 제3000-2003-138)
주소 : (110-044) 서울시 종로구 필운동 139-1
전화 : 02-722-2322
팩시밀리 : 02-730-2646
e-mail : hanulbook@yahoo.co.kr

값 10,000원

ISBN 978-89-90883-54-4 03900